EL MÉTODO
CUADRO DE
VALORES

EL MÉTODO CUADRO DE VALORES

Método para enseñar a tus hijos a tomar decisiones

Miguel Soto y Patricia Montaño

Para realizar pedidos de este libro, contacte con:
Palibrio LLC
1663 Liberty Drive, Suite 200
Bloomington, IN 47403
Gratis desde EE. UU. al 877.407.5847
Gratis desde México al 01.800.288.2243
Gratis desde España al 900.866.949
Desde otro país al +1.812.671.9757
Fax: 01.812.355.1576
ventas@palibrio.com
636789

ÍNDICE

Hay cosas que no tienen precio, imposibles de comprar, el método aquí descrito es una de esas cosas, lo dedicamos a todos aquellos padres de familia que buscan lo mejor para sus hijos.

INTRODUCCION

Son las 11:30 de la noche, tu hijo de 12 años no regresa a casa y no sabes donde se encuentra; como madre, estás preocupada, porque su conducta en la escuela ha empeorado, y te ha comentado que ya no quiere ir a la escuela, toda esta semana has estado discutiendo con él esa situación y no sabes qué hacer para que entienda que no le convienen esos amigos, realmente te sientes impotente y no sabes a quién recurrir para que tu hijo cambie su actitud.

Esta es una situación que desgraciadamente, se torna más frecuente en muchos hogares, con muchos padres de familia que ven un futuro incierto en la vida de sus hijos y no saben exactamente que hacer o cómo manejar determinadas situaciones con sus hijos.

Muchas veces, la relación y comunicación con nuestros hijos no es buena o simplemente no existe.

En muchos casos por miedo, por falta de interés, por negligencia, flojera, para que no se "molesten" o por evitar discusiones, no somos capaces de corregir a los hijos cuando nos damos cuenta que hacen algo indebido; no les llamamos la atención cuando es tiempo de hacerlo, cuando tenemos la oportunidad de corregirlos.

Esta falta de comunicación, genera distanciamiento entre padres e hijos, y poco a poco se va perdiendo también la confianza, se va abriendo poco a poco un espacio entre padres e hijos (espacio que alguien más ocupará); al mismo tiempo que nuestros hijos van perdiendo seguridad y confianza (cuando más lo necesitan) y empiezan a ser fácilmente influenciados por personas extrañas que les "escuchan" y les brindan tiempo y poco a poco empiezan a influir en sus decisiones.

Quizá la relación con tu hijo(a) no sea tan extremosa como esa, quizá tu hijo solo esté pasando por una racha de rebeldía normal en la adolescencia o quizá tus hijos sean pequeños y tú como padre/madre de familia quieres estar preparado para cuando tus hijos crezcan y empiecen a tomar decisiones.

Quizá sientas que no existe ningún problema con tus hijos, pero aún así deseas darle una herramienta que les ayudará por el resto de sus vidas.

Quizá los problemas con tus hijos sean mucho mayores, quizá seas un adulto que tiene problemas con su esposa(o), en el trabajo o con tu familia, cualquiera que sea tu caso, el método que comentaremos en este libro, te proporcionará una guía y un procedimiento para tomar decisiones, muy práctico y fácil de aplicar.

El método puede utilizarse tanto por padres como por hijos, de tal manera que al seguirlo se pueda tener la seguridad, de que las decisiones tomadas van a ser las mejores tomando en cuenta que:

-   La decisión que se tome, no va a generar una situación negativa que pueda afectar física, ni mental o emocional.

- Se eliminan los factores emocionales al tomar la decisión.

- No se va a afectar ni a hacer daño a terceros.

- La persona, nunca se va a arrepentir de la decisión tomada, dado que el método está basado en la búsqueda del bien.

El *Método Cuadro de Valores*, se convertirá en una herramienta, que después de conocerla por primera vez, la querrás seguir utilizando siempre.

Es sin lugar a dudas, una herramienta que les dará a tus hijos la seguridad y confianza para tomar cualquier decisión, siempre. Es una herramienta que los acompañara el resto de su vida y, uno de los mejores regalos que un padre le puede ofrecer a sus hijos.

CAPITULO I

DIRIGIDO A GRANDES Y CHICOS

El método *CUADRO-DE-VALORES*, puede ser utilizado por igual por padres e hijos.

Siguiendo esta metodología la toma de decisiones se simplifica.

¿Qué hacer ante una situación determinada?, no importa la edad, tomar la mejor decisión se va a convertir en un proceso sencillo y seguro.

La gran mayoría de las personas no tiene un método eficaz y seguro para tomar decisiones, a veces la decisión depende del estado de ánimo, otras veces de opiniones de terceros, otras veces influyen el lugar, los amigos, la familia, el entorno, los conceptos y opiniones de las demás personas, otras veces hacemos lo que opina "gente más preparada".

El método *CUADRO-DE-VALORES* es una herramienta excelente para adultos, es muy efectivo y con resultados inmediatos en niños, adolescentes y jóvenes, ya que ellos son más receptivos y pondrían en práctica el método de manera inmediata.

Por ejemplo, nuestros tres hijos recibieron esta información cuando tenían 13, 12 y 7 años respectivamente.

Actualmente tienen 22, 21 y 16 años, todos lo seguimos utilizando, muy especialmente en situaciones especiales, siempre que nos encontramos en un punto de ¿qué hago?, la respuesta es: "¿ya lo pasaste por el Cuadro-de-Valores?".

Los adultos también lo pueden poner en práctica de manera inmediata, solo que en algunos casos es necesario eliminar hábitos muy arraigados que entorpecen tomar decisiones correctas y efectivas; pero definitivamente lo importante es que Tú querido lector lo puedes poner en práctica de inmediato, verás que se acaban las confusiones y dudas.

Recomendamos enseñar a tus hijos el Método *CUADRO-DE-VALORES* desde temprana edad, (recordar que en los primeros años se forjan la personalidad y el carácter) de tal manera que vaya formando el hábito de cómo tomar decisiones de acuerdo a su edad; éstas pueden ser, lo que quiero jugar, que color de ropa me gusta, si comer dulces o comida preparada por mamá, su comportamiento en la escuela, ¿comida chatarra? por qué si, por qué no, etc., el método se debe seguir reforzando y repasando con los hijos, sobre todo a partir de los 8 o 9 años, edad en que ellos empiezan a tomar decisiones con mayor impacto en sus vidas, tales como selección de amigos, acceso a medios de comunicación, uso del internet, programas de televisión, hacer o no deporte (esto depende del entorno social y familiar).

Aunque ésta es la edad en que nosotros recomendamos explicarles el método a tus hijos, en los siguientes capítulos te darás cuenta de que las bases en que se sustenta se deben de ir viviendo con tus hijos desde que nacen.

¿Cómo se puede aplicar este método con los jóvenes?

Es precisamente en esta etapa de la vida en que se toman las decisiones más importantes, que dejarán huella para toda la vida.

Niños y jóvenes, desde muy temprana edad, están hoy expuestos a grupos de presión muy intensa, entorno, amigos, medios de comunicación (televisión, internet, revistas, prensa), uso de drogas, pandillas, y si no están preparados pueden caer en situaciones muy difíciles, que pudieron haberse evitado con una guía oportuna y correcta.

Si tienes problemas con tu hijo, si este no te escucha, su comportamiento es muy rebelde o simple y sencillamente quieres transmitirle una excelente herramienta para tomar decisiones, aprovecha esta oportunidad, transmítele esta herramienta que al seguirla te garantiza que tu hijo se evitará problemas y le ayudará en su relación con su entorno, en una etapa muy difícil de su vida.

Cualquiera de estos que sea tu caso, te sugerimos aplicar el método CUADRO-DE-VALORES, como se explica en el Capitulo V.

CAPITULO II

VALORES

Los valores son un marco de referencia que nos ayudan y conducen a tomar decisiones correctas.

El método CUADRO-DE-VALORES, basa su técnica en aplicar los valores de manera adecuada en cada una de nuestras decisiones.

Día a día en nuestra vida, momento a momento estamos haciendo elecciones, es decir estamos tomando decisiones.

Estas decisiones, muchas veces, pueden ser triviales, como decidir que ropa ponerse o que cuaderno comprar, que película vamos a ver. Tomamos decisiones importantes que cambian el curso de nuestras vidas, tales como casarnos, formar una familia, continuar o no con esta amistad o noviazgo, que carrera estudiaremos o tomamos la decisión de estarnos quejando o de estar alegres o decisiones que ponen en riesgo nuestra vida, como el aceptar drogas o tomar alcohol en exceso.

Conscientes o no, tomamos la decisión (o impulso) de pelearnos, de golpear a la pareja o a los hijos, de gritar, de ser intolerantes, de enojarnos, en fin la vida es un viaje, en el que cada quien decide la actitud como lo va a tomar.

Identificar y detectar nuestras fortalezas y oportunidades, debilidades y amenazas es poner los cimientos de una sólida personalidad.

Valores del Ser, Hacer y Tener.

Los valores prioritarios son los del **ser**, porque te permiten amar más, conocerte mejor y crecer en las virtudes propias de la Voluntad como, por ejemplo, la fidelidad, la fortaleza de espíritu, la capacidad de entrega. Así como descubrir la trascendencia y el sentido de tu vida y compartirla con los demás.

Los valores del **hacer** se refieren a cómo hacer mejor las cosas, como tu participación en la vida familiar, el trabajo, etc, es decir, estos valores le dan sentido a tu hacer cotidiano. No se trata nada mas de cumplir por obligación, sino porque has descubierto la trascendencia de lo que haces.

Los valores del **tener** se refieren a la posesión de las cosas materiales y tienen una menor capacidad de acercarte a la felicidad, al desarrollo personal y al bien. Las cosas siempre son medios que se deben utilizar para alcanzar metas mayores. La acumulación de bienes materiales, por el simple hecho de tenerlas, no produce ninguna satisfacción.

Aprende a servirte de las cosas y no a servirlas a ellas.

Nunca ames nada que no te pueda amar de vuelta.

Existen muchos valores. Debes compararlos entre si, buscando la mayor o menor calidad entre ellos, para ordenarlos y elaborar, así, tu propia jerarquía de valores.

En esta jerarquía de valores, influyen la suma de experiencias y entorno social, así como tus metas y objetivo en la vida, en base a ellos cada familia y cada persona define su jerarquía de valores y por lo tanto genera su cuadro de referencia para la toma de decisiones.

Por ejemplo, no es igualmente valioso lo espiritual de lo material; lo intelectual de lo animal; lo divino de lo humano.

Para que una persona logre un desarrollo equilibrado, integral, pleno, es necesario que tenga valores importantes en el área física, intelectual, espiritual, emocional, cultural, social y económica y, no se preocupe únicamente de un gran físico sin desarrollo intelectual o moral, o de un desarrollo moral sin lo intelectual.

Cuando elabores tu jerarquía de valores, utiliza el criterio que consideres se adapta mejor a tu vida personal. Es muy importante que los valores del ser ocupen un lugar prioritario en tu jerarquía, porque son los que te darán verdadera felicidad.

Esto es importante, aunque el orden de los valores está interrelacionado y tu visión integral los debe incluir a los tres.

La felicidad es el motivo que impulsa al hombre a luchar en su vida, sin embargo, no hay que olvidar que ésta no se encuentra en los bienes materiales, las riquezas o los placeres, sino en los valores espirituales.

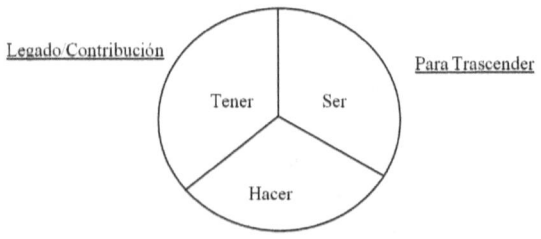

En el Anexo I, encontrarás los valores, su clasificación y concepto.

CAPITULO III

CONSECUENCIAS DE NUESTRAS DECISIONES

A toda acción corresponde una reacción.

Mujer, si tu le gritas a tu marido, lo más seguro es que él te conteste igual o más fuerte.

Hombre, si tú golpeas a tu mujer lo más seguro es que ella te lo regrese igual o más fuerte, si no lo hace es porque no puede, no porque no quiera.

Padre de familia, si te has acostumbrado a tratar con gritos y golpes a tus hijos, lo más probable es que eso que estás sembrando sea lo que vayas a cosechar en un futuro.

Joven, si decides robar piensa que la consecuencia puede ser tan grave como pasar varios años encerrado y desperdiciando tu vida; toda decisión tomada tiene sus consecuencias.

Si tomamos malas decisiones lo más seguro es que suframos las consecuencias y nuestra vida pueda estar llena de problemas.

Pero, ¿qué decisión es buena o mala? ¿a qué nos referimos con malas decisiones?, ¿desde qué punto de vista?, ésta interrogante se contesta en el capitulo V donde se explica a detalle el método CUADRO-DE-VALORES.

Nunca es tarde para cambiar nuestros hábitos y costumbres.

La batalla más dura es lograr que las personas reconozcamos la necesidad de un cambio (estratégico) y actuemos en consecuencia.

Nuestros hijos deben formar parte de nuestro Plan de Vida.

Ellos son un regalo que Dios nos ha dado para poder, a través de ellos, trascender y, dejar un mundo mejor.

Los hijos son nuestra gran responsabilidad, debemos aprovechar toda oportunidad que tengamos para mostrarles de una manera más clara el camino que esperamos deben seguir, debemos motivarlos, para que aspiren a metas altas y ser muy claros con ellos en decirles qué es lo que esperamos de ellos, eso les dará dirección y enfoque en sus vidas, esto les ayudará a formar su visión.

Son los hijos un reflejo de los padres, no cometas el error de dejarlos crecer solos, esa es quizá la mayor irresponsabilidad de nuestros tiempos, porque no solo afecta a tu propio hijo, a tu familia y ti mismo, sino a toda tu comunidad, recuerda que es una gran oportunidad de trascender, de sentirte orgulloso y así, en el futuro poder mirar de frente a tu hijo y decir "Misión Cumplida".

Debemos ser para nuestros hijos su apoyo incondicional, ayudarlos a definir sus metas y objetivos, así como su Plan de Vida.

Estar y mantenerse cerca de los hijos no garantiza nada, absolutamente nada para nadie, pero es más probable que tu hijo vaya mejor y más seguro por el camino de la vida, durante sus años de formación, si va acompañado por sus padres, que si lo dejas solo.

Enseñemos a nuestros hijos a tomar decisiones.

Este proceso inicia desde que los hijos nacen y les podría decir que desde antes de nacer, como dijo Rana Singh, "*todo es perecedero en el mundo; el poder y la persona misma desaparecerán, pero la virtud de un gran padre, vivirá para siempre*".

Seguramente, todos hemos visto niños que se portan mal, se suben a los muebles de la casa, brincan arriba de ellos, andan corriendo entre la gente, no dejan platicar y los padres como si nada, o los padres les dicen algo y los "chamacos" como si no escucharan, siguen portándose igual. Tú con ganas de ponerlos quietos… pero no son tus hijos.

Luego, cuando los hijos crezcan, adivina que, de grandes harán caso? Serán obedientes? Por supuesto que no!!! Es como pedirle peras al olmo, ¿cómo una persona se va a comportar con disciplina si no tuvo una guía que le diera orden y disciplina?.

Si eres un padre/madre que se comporta como en este caso, este libro te va a ayudar muchísimo y a tus hijos más.

Ahora ¿cómo vamos a enseñar a nuestros hijos lo que no sabemos?, como padres de familia estamos obligados a prepararnos para poder entender las necesidades, dudas e inquietudes de nuestros hijos, aquí no estamos hablando de cosas materiales ni de nada que el dinero pueda comprar.

Debemos prepararnos en los siete aspectos fundamentales: físico, intelectual, espiritual, emocional, cultural, social y económico.

El método CUADRO-DE-VALORES, no pretende lograr que no cometamos errores al tomar una decisión, pero lo que si busca es que al momento de tomar una decisión estemos conscientes de que lo que estamos decidiendo es correcto o no, y créeme que el solo hecho de lograr esto de estar conscientes es un paso que muchas personas en toda su vida no logran dar.

El poner en práctica el método CUADRO-DE-VALORES en el día a día, nos va convirtiendo en mejores personas.

Un autor definió a esta generación como una Generación de Mediocridad y de Esfuerzos Cortos, al referirse al poco esfuerzo que los padres dedican a la formación de sus hijos.

Generación de Mediocridad, que vergüenza, estoy seguro que tú no formas parte de esta generación de mediocridad, dado que estás buscando en este preciso momento información para una mejor formación de tus hijos.

No seamos parte de esa generación de mediocridad, asumamos nuestra responsabilidad como padres, como hijos y como parte activa de nuestra sociedad.

CAPITULO IV

EL FUTURO SE CONSTRUYE EN EL PRESENTE

La vida está formada de pequeños y brevísimos momentos.

Lo único con lo que contamos para construir el futuro es con este instante presente, no podrás corregir lo que hiciste en el pasado, pero sí podemos trabajar en el presente, si realmente queremos tener el futuro que soñamos y queremos.

La suerte no existe, si queremos alcanzar ese sueño, debemos realizar el plan que nos va a dar la dirección a seguir para lograr esa meta. Recuerda que los sueños no tienen fronteras, la frontera es tu mente e imaginación.

Un amigo dice, la suerte no es una estrategia y la esperanza no es un método, hay que visualizar la meta.

El plan de vida, nos va a exigir prepararnos para poder cumplir y lograr el primer punto y no debemos rendirnos hasta alcanzarlo, al lograr ese escalón, debemos mover nuestro objetivo al siguiente punto de nuestro plan, prepararnos y no descansar hasta lograrlo, cada uno de esos logros nos llevará invariablemente al éxito. No se te olvide gritar tus logros, que todo el mundo se entere de tu trayectoria, eso te abrirá la siguiente puerta.

No hay tiempo que perder, mientras más pronto hagamos nuestro plan de vida, más pronto vamos a estar en el camino que nos llevará a conseguirlo.

Cuantas personas van por la vida sin saber a dónde van, vienen y se van sin saber cuál fue su misión, su objetivo, sin ponerse una meta, sin dejar huella.

Toma la decisión correcta, ¡¡haz tu Plan de Vida!!

El futuro se construye en el presente.

El Plan de Vida, debe incluir actividades concretas en cada uno de los siete aspectos fundamentales: físico, intelectual, espiritual, emocional, cultural, social y económico.

¿Qué quieres lograr en cada aspecto? ¿En cuánto tiempo? Ponle fechas. ¿Qué actividades necesitas hacer?, escríbelas lo más detalladas posible, ¿Qué actividades que haces ahora necesitas dejar de hacer ya que en lugar de ayudarte te bloquean en tu plan?

Tus hijos, ¿tienen un plan de vida? Ayúdales y motívalos a escribirlo.

CAPITULO V

EL METODO
CUADRO-DE-VALORES

Todo tipo de decisiones, de trabajo, de familia, personales, decisiones triviales, importantes o trascendentales, todas, absolutamente todas, pásalas por el Método CUADRO-DE-VALORES, sobre todo aquellas decisiones que:

- *Van a afectar a terceros*

- *Puedan afectar tu prestigio*

- *Puedan influir en tu futuro*

Antes de aplicar el método, debes poner por escrito los valores básicos de tu familia, estos son aquellos valores que los mueven, que son la columna vertebral de tu familia, que no puedes hacerlos a un lado o pasar sobre ellos.

Esta lista de valores, se realiza de acuerdo a tu propia jerarquía de valores, de una familia a otra, esa lista varía, dado que cada familia proviene de diferentes entornos y tiene diferentes objetivos, metas y antecedentes.

Es decir, para una familia puede ser muy importante el valor de la fe, el amor a Dios, el ayudar a su prójimo, mientras que para otra, los aspectos relacionados con el aspecto intelectual o el aspecto físico pueden ser los más importantes.

El Método.

El CUADRO-DE-VALORES es un marco de referencia a través del cual, basamos nuestras decisiones, es decir, si lo que vamos a decidir pasa por el cuadro de valores se acepta, si no pasa por el cuadro, se rechaza.

Dentro del cuadro están todos los valores, Respeto, Amor, Familia, Confianza, Sinceridad, Honestidad, Integridad, Fe, Tolerancia, Paciencia, Puntualidad, Solidaridad, Coherencia, Compasión, Autodominio, Perseverancia, Fidelidad, Generosidad, Felicidad, Sencillez, Paz, Responsabilidad, Unidad, Amistad, Fidelidad, Caridad, Trabajo, Limpieza, etc., la relación completa la podrás encontrar en el Anexo I.

Fuera del cuadro están todos los antivalores, actitudes negativas o vicios, por ejemplo:

Egoísmo, Gritar de manera habitual, Robar, Adulterio, Drogadicción, Intolerancia, Mentir, Falta de Respeto, Violencia física o de cualquier tipo, Lujuria, Pornografía, Corrupción, Pereza, Alcoholismo, Desorden, Impuntualidad, Chismes, Deshonestidad, Arrogancia, Odio, Soberbia, Perjuicio, Envidia, Enemistad, Venganza, Suciedad, Infidelidad, etc.

El método paso a paso, con un ejemplo:

Mi hija a la edad de 13 años, estaba siendo "perturbada" y presionada para tomar la decisión de ponerse de novia. El joven pretendiente la asediaba, la buscaba, le escribía cartas y todo lo que un joven de 13 años hace para enamorar a su objetivo.

Papá, ¿me dejas andar de novia?, me preguntó una vez, debo confesar que me dió gusto que me tomara en cuenta para ésta primer decisión importante, claro está que la decisión final no iba a ser la mía, aun así, le conteste que no, que era muy chica, que todos los amigos que quisiera, bla, bla, bla…

Al día siguiente lo mismo, ¿papá me dejas andar de novia?, la respuesta igual: no!!.

Para no hacer muy larga la historia, les diré que la presión fue subiendo a tal grado que la buena relación y armonía con mi hija se estaba afectando.

Durante varios días, mi esposa y yo estuvimos pensando en lo que debíamos hacer, lo mejor, sin afectar a mi hija, de repente en una de esas ocasiones, llego a nuestra mente esta forma de tomar la mejor decisión, la platicamos entre nosotros y decidimos que era lo mejor que podíamos hacer.

Así es que mi esposa y yo decidimos implementar este Método con mi hija, que con el tiempo hemos depurado.

Una tarde antes de salir del trabajo le hablé a Paty, mi esposa y le dije: "Te espero en el Restaurante X, lleva a Karen vamos a tener una plática sólo con ella.

Este primer paso es muy importante:

-   Escoger el lugar que les pueda brindar un entorno tranquilo, sin interrupciones y,

- Darle toda la atención a tu hijo(a), sin interrupciones, sin contestar celulares, que tu hijo(a) se sienta importante y que vea que lo que van a hablar con él o ella es algo muy importante.

En el camino a la cita, compré un cuaderno.

Paso 2:

Comprar un cuaderno para tu hijo. Este lo va a seguir utilizando por el resto de su vida.

En el Restaurant, mi hija, bastante extrañada, preguntaba de qué se trataba, era la primera vez que la invitábamos a ella sola, sin sus hermanos, a un Restaurant en un día cualquiera de la semana.

Pedimos una nieve para ella, unos cafés para nosotros.

Le comentamos que le íbamos a explicar un método para tomar decisiones.

Le entregamos el cuaderno y le dijimos que era para ella.

Paso 3:

En la primer página, le pedimos escribir el título:

"Método para Tomar Decisiones y Resolver Dudas".

Es muy importante que tu hijo sea el que escriba, tú no debes escribir nada en el cuaderno.

Paso 4:

Le pedimos que dibujara un cuadro grande.

Paso 5:

Dentro del cuadro escribe todos los valores que te sepas.

Ella escribió: Amor, Respeto, Paciencia, Familia, Honestidad, Integridad, etc.

Aprovechamos para completar la lista: Fe, Fidelidad, Amor a Dios, Servicio, Solidaridad.

Amor	Respeto	Persistencia	Orden
Puntualidad	Tolerancia		Amor a Dios
Paciencia	Fe		Fidelidad
Generosidad		Cultura de la Vida	
Honestidad		Integridad	Familia

Paso 6:

Fuera del cuadro escribe todos los antivalores, actitudes negativas o vicios:

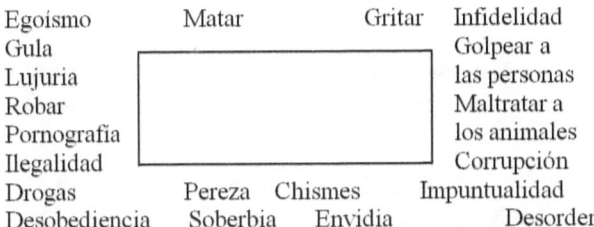

Egoísmo	Matar	Gritar	Infidelidad
Gula			Golpear a
Lujuria			las personas
Robar			Maltratar a
Pornografía			los animales
Ilegalidad			Corrupción
Drogas	Pereza	Chismes	Impuntualidad
Desobediencia	Soberbia	Envidia	Desorden

Aprovechamos para agregar:

Cultura de la Muerte, Drogadicción, Sexo fuera del matrimonio.

El cuadro final, quedó más o menos así:

CUADRO-DE-VALORES

Valores	Antivalores
Egoísmo Matar Gritar Infidelidad	
Gula	Golpear a tu familia
Amor Respeto Persistencia Puntualidad Tolerancia Fe Paciencia Fidelidad Generosidad Cultura de la Vida Honestidad Integridad Familia Confianza Persistencia Alegría Amor a Dios	Maltratar a los animales
Lujuria	
Robar	
Pornografía	Corrupción
Ilegalidad	Mentir
Drogadicción Pereza	Impuntualidad
Desobediencia Soberbia Chismes	Envidia Intolerancia
Cultura de la Muerte Deshonestidad	Sexo fuera del Matrimonio

Cada familia tiene su propia escala de valores en base a su plan de vida, como ya comentamos, en base a la suma de experiencias y entorno.

Paso 7: Como tomar la decisión.

Para todas las decisiones que vayas a tomar, identifica los valores, actitudes positivas, antivalores y actitudes negativas.

Una vez que hayas identificado los valores, antivalores, actitudes positivas y negativas, Pásalo por el cuadro de valores.

Si la decisión que estás por tomar, pasa por dentro del cuadro de valores, adelante, puedes estar seguro(a) de que es una decisión de la que nunca habrás de arrepentirte.

Si la decisión que estás por tomar, tiene más aspectos que están por fuera del cuadro de valores, entonces significa que no es una buena decisión, y por lo tanto, no debe de tomarse.

Por ejemplo:

Si estás evaluando formar una familia con alguien que no es respetuoso, es grosero e intolerante, podrás ver que estos 3 aspectos están fuera del cuadro de valores, aunque la persona sea muy puntual, la decisión no es buena, no debe tomarse.

Le dijimos a nuestra hija, *"este es el Método para tomar decisiones, a partir de este momento tú vas a tomar tus propias decisiones basadas en este método, si lo haces así, tus decisiones van a ser correctas y efectivas, son decisiones de las que no te vas a arrepentir, lo único que te pedimos es que nos comentes tus decisiones, nosotros vamos a estar de acuerdo con lo que tu decidas"*.

Recuerdo que ella contestó: *"Entonces, ¿yo voy a decidir todo?.* *"Correcto",* le dijimos.

"Entonces, ¿yo decido si me pongo de novia?"

"Así es, tú vas a tomar tus propias decisiones", fue nuestra respuesta.

Paso 8:

También le dijimos:

Cuando tengas algún problema o situación por resolver, escríbelo en el cuaderno, identifica los valores, las actitudes positivas y negativas, dibuja el cuadro de valores para esa situación en particular y toma la mejor decisión; además ya sabes que cuentas siempre con nosotros.

Déjenme comentarles que a partir de ese momento, se acabó la presión (de darle permiso para ponerse de novia), ahora, cuando va a tomar una decisión y nos consulta *¿qué hago?*, lo primero que le decimos es "¿Ya lo pasaste por el CUADRO-DE-VALORES?".

El Método CUADRO-DE-VALORES le proporciona una gran seguridad a la persona que basa su decisión en él, sobre todo a los jóvenes que necesitan estar seguros de que la decisión tomada es la correcta.

Utilizar el Método CUADRO-DE-VALORES, hace que la confianza y armonía en la familia se mantenga, los hijos saben y conocen la forma como se toman las decisiones en la familia y saben que ese mismo método lo van a emplear ellos para sus propias decisiones.

Claro que esto no excluye a los padres de participar o de vetar sus salidas, permisos o decisiones que consideren no adecuadas.

Los hijos al emplear el método CUADRO-DE-VALORES, se van haciendo responsables y conscientes de lo que implica tomar una decisión, si es correcto o no lo que van a hacer.

Para terminar la historia, dos días después de aquella cita con mi hija, a la hora de la comida, llegando de la escuela, ella comentó: *"Ya decidí lo que voy a hacer. Decidí no ponerme de novia".*

¿Por qué decidiste eso? le preguntamos.

"Porque lo pasé por el CUADRO-DE-VALORES y no pasó: me fijé que era muy gritón, dice muchas malas palabras, no es educado, creo que no es lo mejor", respondió.

Lo más importante de esta experiencia, es que tus hijos se van a sentir libres de tomar sus propias decisiones pero a la vez seguros de que cuentan con tu apoyo, esa seguridad se va a reflejar en un aumento de su autoestima.

Otro ejemplo:

Tu hijo adolescente va a una fiesta con sus amigos, ahí se encuentra mucha gente, entre otros gente que le ofrece drogas, *"tomarse una pastilla o inhalarla, no pasa nada, al contrario, te vas a sentir super, una experiencia sin igual, es lo máximo, eres el único que no lo ha probado",* le dicen.

¿Qué hace tu hijo ante esa presión?, ¿Cómo va a reaccionar? ¿Estás seguro de cuál va a hacer su respuesta? ¿Qué decisión va a tomar? ¿En base a que va a tomar su decisión?, ¿Le has dado a tu hijo una base sólida para poder tomar esta o cualquier otra decisión?

Considera que al final es una decisión que tu hijo va a tomar y que va a tener consecuencias importantes y trascendentes para su vida.

Considera también que tu hijo está en una etapa de formación y desarrollo, aún no es un adulto (aunque en muchos casos el ser adulto no significa que sepamos tomar decisiones adecuadas).

Bueno, regresando, ¿que va a hacer tu hijo?, ¿qué decisión va a tomar?

Estamos seguros que el Método Cuadro de Valores lo puede ayudar a analizar la situación, aún bajo presión, y tomar la mejor decisión.

Analizando la toma de decisión con el Metodo Cuadro de Valores:

Antes de tomar la decisión, la pasa por el CUADRO-DE-VALORES y si la decisión que va a tomar está fuera del cuadro, toma la decisión de no aceptar la droga.

Así quedaría el cuadro de valores:

Drogadicción   Antivalores
Daño a tu cuerpo Irresponsabilidad
Desobediencia Violencia   Robo
    Responsabilidad
    Salud
    Honestidad   Valores

El CUADRO-DE-VALORES facilita tomar la decisión.

Chicos y Grandes, Padres e Hijos, todos pueden aplicar el Método CUADRO-DE-VALORES en el día a día.

Para muchos, quizá implique un cambio de hábitos, sobre todo para los mayores, es por eso que les recomendamos explicarle el Método a los hijos desde niños, la edad puede variar, pero a partir de los 7-8 años, es importante que los hijos ya manejen, utilicen el método y se refieran a él con normalidad.

Muchos padres se preguntan si implementar este método con los hijos, implica presión para ellos como padres (frente a los hijos y la familia), al momento de tomar nuestras propias decisiones.

Seguramente sí y nos hace crecer como personas; si los hijos nos cuestionaran esto, debemos tener la suficiente madurez para hablar con ellos y explicar que nos esforzaremos para tomar la decisión adecuada, que siempre haremos nuestro mayor esfuerzo y por qué no, si ellos perciben que no actuamos de acuerdo a lo que decimos o si les pedimos a ellos cosas que nosotros no podemos cumplir, que nos lo digan, que nos lo hagan saber.

Reconozcamos nuestras faltas y esforcémonos para corregirlas, eso nos hará crecer como individuos, como personas y nuestros hijos, nuestra familia y nuestro entorno más próximo serán los primeros beneficiados.

Ejemplos de decisiones.

Identifica de manera rápida los valores, antivalores, vicios, actitudes positivas y negativas involucradas en los siguientes casos.

1. Te doy el pedido, pero te reportas con el 5% de la facturación.

2. Hombres y mujeres que deciden ser infieles a su pareja.

3. Me invitan a un grupo de formación de líderes en la iglesia, no estoy seguro de asistir ¿qué hago?

4. Jóvenes que deciden tener relaciones sexuales fuera del matrimonio.

5. Padre de familia que grita, golpea y maltrata a sus hijos (física o verbalmente).

6. Padres que no atienden a sus hijos, no les brindan tiempo y espacio de calidad.

7. Me invitan a visitar una casa hogar y ayudarles a los niños a explicarles su tarea.

8. Los maleantes de la esquina me presionan para unirme a su grupo, ¿qué hago?

9. Paso horas en la computadora "chateando", en el Facebook, con un hombre, mi esposo no está enterado.

10. Me invitan a dar servicio a la comunidad en una colonia de la periferia, haciendo labores de limpieza.

11. Mis amigos y yo hemos participado en varios asaltos, no me siento bien porque están planeando un nuevo asalto y no quiero participar ¿qué hago?

12. Mis amigos me invitan a faltar a la escuela para ir al billar, ¿qué hago?

13. Mañana tengo examen en la escuela, no he terminado de estudiar, pero me están invitando a ver un partido de futbol en casa de un amigo.

14. Mis amigos me ofrecen droga, ¿qué hago?

15. Tengo 53 años y me siento atraído por una nueva compañera de trabajo. Soy casado, mis hijos grandes. Creo estar confundido, ¿qué hago?

16. Mi mejor amiga fuma y toma en exceso, me presiona para que haga lo mismo.

17. Me piden participar en una kermese para juntar fondos para la construcción de una casa hogar.

18. Me aburre la tarea de la escuela, muchas veces no la hago, ¿es correcto?

19. Me paso horas en la computadora y pospongo ayudar a mi mamá en las labores de limpieza de la casa.

20. ¿Cómo fomento la alegría en mi casa?, ¿soy agradecido con mis padres por todo lo que hacen por mí?

21. Saludo con gusto a mis padres y hermanos.

22. Si no vivo con mis padres, ¿les hablo para saludarlos y decirles que los quiero?

23. Analiza tu actitud y comportamiento en los diferentes entornos, en el trabajo, con tus amigos, con tu familia, con tu esposa(o), con tus hijos, con tus padres, con tus hermanos, con tus vecinos, ¿cómo es tu comportamiento?, ¿ese comportamiento refleja tu verdadera jerarquía de valores?

Todos estos casos son decisiones que las podemos pasar por el CUADRO-DE-VALORES y darnos cuenta conscientemente de los valores, antivalores y actitudes involucrados en cada una de ellas.

RESUMEN PARA IMPLEMENTAR EL METODO CUADRO DE VALORES

En primer lugar, antes de empezar escribe con tu esposo(a) la jerarquía de valores de tu familia.

Hagan esta lista por separado y luego compárenla.

De ahí, debe salir una lista que se va a aplicar a toda la familia, es su jerarquía de valores.

Cada miembro de la familia puede tener su propio CUADRO DE VALORES, pero todos deben incluir esos valores que has definido como básicos, esos valores que forman parte de su esencia, esos valores que son la columna vertebral de tu familia.

Por ejemplo si en tu familia has definido el valor de la Gratitud y el valor de la Fe como dos valores básicos, entonces todos los miembros de la familia los deben adoptar como propios e incluirlos en su cuadro de valores.

Si tienes un hijo de 7 años, otro de 15 y otro de 19, cada uno de acuerdo a su edad, tiene diferentes intereses, necesidades y experiencias, por lo que cada uno, tendrá su propio cuadro de valores.

Cuando le expliques el método CUADRO DE VALORES a tus hijos, hazlo con cada uno por separado, no hagas una gran junta familiar, dedícale a cada uno su tiempo específico, que cada uno de ellos vea que lo que le vas comunicar es muy importante, así mismo, tu hijo se sentirá importante.

Aprovecha este tiempo, que estás con tu hijo, para corregir actitudes negativas, por ejemplo, si tu hijo grita mucho, aprovecha para que en su cuadro de valores escriba como una actitud negativa "Gritar".

Para cada caso en particular, cada decisión:

> Analiza los antivalores, las actitudes negativas, los problemas que te puede ocasionar tomar esa decisión y escribe todo esto fuera del cuadro.

> Analiza los valores, actitudes positivas y beneficios que te dejará tomar esa decisión y escribe todo esto dentro del cuadro.

No se trata de juzgar a otras personas, no porque otros lo hagan tú también, no importa que en este momento estés pasando por ese problema o situación en particular, se honesto(a) y deja claro si la decisión que vas a tomar pasa por encima de tus valores básicos, si te los brincas o si te sirven de guía.

Ahora que tienes el cuadro completo, te será más fácil analizar la situación y tomar la decisión adecuada.

CAPITULO VI

EL PODER
DEL CUADRO-DE-VALORES

Todas las decisiones son importantes.

Debemos poner especial atención en aquellas decisiones en que se vean involucrados nuestros valores básicos, nuestra fe o nuestro prestigio.

Nuestras decisiones influyen de manera directa en nuestra vida, nos impulsan hacia nuestros objetivos o nos alejan de ellos.

Tú decides, si sigues los pasos que trazaste en tu plan, seguramente lograrás tus más ambiciosos objetivos, si pospones la decisión o si decides correr por la carretera equivocada, nunca lograrás tus objetivos y serás uno más del montón.

Tú eres el único que tiene la batuta de tu vida, tú y nadie más que tú decide sobre ella. Si tienes hijos, eres responsable de enseñarles a tomar buenas decisiones, esto es lo que al fin de cuentas todos los padres quisiéramos lograr con nuestros hijos, estar seguros de que les enseñamos a tomar decisiones correctas y este método, querido lector, es una herramienta que te ayudará y te evitará muchos dolores de cabeza.

Vida solo hay una y es un tiempo muy limitado, muy corto, como para desperdiciarlo por caminos equivocados, muchas veces estos caminos se nos presentan muy bien alumbrados y algunas veces nos confunden y pensamos que eso es lo que nos conviene.

Muchas veces esos caminos equivocados, nos ofrecen llegar a nuestros objetivos de manera más fácil y rápida, muchos adultos ya sabemos que son caminos equivocados y no debemos perder tiempo en ellos (en alguna ocasión ya los seguimos y no llegamos a ningún lado), es mentira todo lo que en ellos se ofrece, sin embargo, hay muchas personas, sobre todo los jóvenes, que se van con lo atractivo de estas opciones, por el camino fácil, por "el camino más corto", para darse cuenta tiempo después de que tomaron la decisión equivocada, muchas veces ya no hay manera de corregir, sobre todo el tiempo perdido en esos caminos no se puede recuperar.

No permitas que tus hijos transiten por esos caminos equivocados, que después se arrepentirán de haber tomado, en este momento, que aún puedes acercarte a ellos enséñales como tomar las decisiones correctas.

Si estás leyendo estas páginas, no puedes dejar de enseñarle a tus hijos éste método para tomar decisiones, insiste con ellos que sigan esta forma de vivir, al hacer esto puedes estar seguro(a) de que dejarás en este mundo a hijos responsables que se esforzarán por ser ejemplo de su comunidad y con el solo hecho de seguir las instrucciones del método CUADRO-DE-VALORES, de vivir de acuerdo a este método, en su camino se irán abriendo las puertas que él (o ella) necesite para cumplir con sus metas y objetivos.

Si tu hijo sabe o no matemáticas, no es tan importante en la vida, como que sepa tomar decisiones.

Es increíble y quizá no creas lo que aquí te decimos, pero el poder que tiene el método aquí descrito, es tal que el solo hecho de vivir y tomar decisiones de acuerdo al método CUADRO-DE-VALORES, les servirá a ti y a tus hijos para experimentar un cambio completo en sus vidas, este método le da enfoque y dirección a quien decide vivir de ésta manera, tú y tus hijos se convertirán en un imán de cosas buenas, porque al tomar decisiones así, se atrae el amor, la belleza, la armonía, la abundancia, la prosperidad, la amistad de gente con la misma forma de ver la vida, todo esto sin afectar a nadie.

La decisión está en tus manos.

CAPITULO VII

LOS PADRES, FACTOR DE ÉXITO
PARA LOS HIJOS

Muchas veces los padres de familia, por ignorancia o por egoísmo, nos convertimos en las personas que más daño les causamos a los que decimos querer más, a nuestros propios hijos.

Los hijos cuando nacen son diamantes en bruto que cada familia va puliendo, cada uno de nosotros, como padres de familia, va trabajando y les va enseñando con su ejemplo, para convertirlos en esos diamantes excepcionales, en esos líderes, en esas personas íntegras, seguras, llenas de fe y fortaleza, llenos de amor con grandes metas y objetivos, pues no hay límites para nuestros hijos, ellos van a cumplir sus más grandes propósitos y nosotros como padres los vamos a poner en el camino correcto, para que a partir de ahí, ellos tomen sus propias decisiones, pero además, les vamos a enseñar a tomar decisiones.

Transmítele a tus hijos, desde pequeños, metas grandes y ambiciosas (alcanzables), siembra esa semilla, porque ellos vienen dotados de grandes talentos que habrán de sacar, multiplicar y compartir con muchos más.

Enséñales a orar y a ser agradecidos con Dios, enséñales a ser solidarios, a ayudar al más necesitado, enséñales a ser justos, a compartir y a ser generosos, enséñales a perdonar y a pedir perdón, enséñales a amar y a creer en Dios.

Enséñales a ser perseverantes y a que no se rindan ante ningún fracaso, pues éste nos da el valor de seguir adelante, enséñales a levantarse y a luchar por lo que ellos creen.

Enséñales a obedecer para poder mandar, enséñales a ser justos y respetuosos, enséñales a buscar a Dios en el día a día, en esos pequeños detalles y milagros que el Señor nos regala todos los días.

No hay tiempo que perder, mientras más pronto empieces, tus hijos se acostumbrarán a actuar y a decidir de esta manera.

Este es el método para tomar decisiones efectivas, gracias por interesarte en conocerlo, el siguiente paso es su ejecución diaria y cotidiana. Llévalo a tu vida y muéstralo a tu familia.

SATANAS, EL REY DE LA MENTIRA

Vivimos en un mundo contagiado por la mentira, mentira en el trabajo, con los amigos que las ocultan y festejan, en la escuela, en la familia, etc.

¿Por qué y para qué mentimos? Una de las primeras respuestas nos dice que para ocultar lo que hacemos, que los demás no se den cuenta de nuestro verdadero comportamiento; muchas veces por no asumir nuestra responsabilidad; en otras ocasiones para no comprometernos; para obtener ese ingreso mal habido; en otras para mostrarme diferente a quien realmente soy; para vender algo; para comprar algo; los hijos mienten para obtener el permiso de los padres; para evitar un regaño; para lograr un ascenso en el trabajo; para quedar bien haciendo quedar mal a otra persona; para aligerar una multa; para lograr un momento de placer; para no ir a trabajar; para no asistir a esa cita y poder ir a otra parte; para que se haga lo que yo digo, etc, etc, etc.

No tiene fin, ocasiones para mentir se nos presentan todos los días, es nuestra decisión hablar con la verdad o mentir.

El mal hábito de la mentira, es la base de muchos problemas, no permitamos que el mentir se convierta en un hábito en nuestra vida.

¿Por qué escribimos un apartado especial sobre éste mal hábito de la mentira?

Gran parte de los problemas que vivimos y que viven o vivirán nuestros hijos se resuelven si eliminamos de nuestras vidas la mentira.

Inculca en tus hijos que digan siempre la verdad, ¿cómo hacer esto? que vean este ejemplo en ti, que vean que siempre dices la verdad, que siempre cumples tu palabra, que lo que dices que vas a hacer lo haces.

¿No te gusta mentir? ¿Te sientes mal cuando mientes? Si haces algo que sabes que no está bien y, que sabes que estás mintiendo, detente, corrige y cambia tu inclinación a mentir, por más que puedas perder en el corto plazo a largo plazo ganarás mucho más.

Solo recuerda una cosa cada vez que pienses en mentir: <u>satanás es el rey de la mentira</u>, si!!, satanás está feliz cada vez que mientes, ¿eso quieres?

El lado opuesto de mentir es decir la verdad, sembremos la semilla de la verdad en nuestra familia, en nuestros hijos. <u>Que cada miembro de nuestra familia sea un apasionado buscador de la verdad.</u>

Para los que creemos en Dios, sabemos que El es el camino, la verdad y la vida. En la medida en que una persona fortalece el valor de la fe, fortalece al mismo tiempo el valor de la familia y trabaja en la búsqueda de la verdad.

Si buscas la verdad, acerca a tu familia a Dios, El es la Verdad y la Vida, cada vez que mientes, más te alejas de Dios y el mal está lejos de Dios, no seamos esa generación de mediocridad y esfuerzos cortos que no promueve y defiende sus valores fundamentales y no los transmite a sus hijos.

Como dijo el Papa Benedicto XVI "el mayor mal de la humanidad es vivir como si Dios no existiera". Que sean nuestros hijos reflejo de ese esfuerzo, de ese trabajo diario, de esa familia que vive su vida consciente de sus valores fundamentales, al final del camino, esa será tu mejor herencia y tu mayor orgullo.

ANEXO I

VALORES

Su Característica, Clasificación y Definición

El valor es un bien, ya que se identifica con lo bueno, con lo perfecto, con lo valioso.

En cambio, **el mal es la carencia o ausencia de bien**. Se llama mal al vacío, a lo que no existe.

Los valores valen por si mismos, se les conozca o no. Van más allá de las personas, es decir, trascienden por lo que son y no por lo que se opine de ellos. Para alcanzarlos, hay que conquistarlos con esfuerzo y perseverancia, con ellos se logran grandes satisfacciones.

Las características de los valores son:

-   **Generan un beneficio**: Vivir plenamente un valor implica un bien para la persona. En el momento en que un valor deja de darnos beneficios y, por el contrario, nos perjudica, se transforma en un antivalor.

- **Independientes e inmutables**: Su esencia no cambia. Por ejemplo: la Justicia, el Amor, la Belleza.

- **Absolutos**: Se viven en totalidad o no se viven, es decir, no se pueden vivir en partes. Un ejemplo pueden ser valores como la Verdad o la Justicia.

- **Inagotables**: No hay ni ha habido persona alguna que haya agotado la Nobleza, la Autenticidad, la Bondad, el Amor, es decir, los valores.

- **Existen por si mismos (objetivos):** Aunque el hombre no los conozca o no los viva, los valores existen. Por lo tanto podemos decir que el hombre no crea los valores sino que los descubre.

- **Subjetivos**: Se dice de los valores particulares porque cada quien los busca de acuerdo a sus propios intereses.

  Mientras los valores son objetivos, es decir, se dan independientemente del conocimiento que se tiene de ellos, la valoración es subjetiva, o sea, depende las personas que juzgan. Por esta razón, muchas veces se cree que los valores cambian, cuando en realidad lo que sucede es que las personas son quienes le dan menor o mayor importancia a un determinado valor, dependiendo de su perspectiva propia.

La persona tiene la capacidad, el deber y el derecho de tomar sus decisiones en plena libertad.

La conciencia es la guía en este proceso de decidir, apoyada en la inteligencia y la voluntad

Todos los seres humanos tienen una conciencia que orienta hacia el bien y nadie puede imponerle a otra persona una manera de actuar contra su voluntad, sin atentar contra la **dignidad** de la persona.

La conciencia es la actividad de la inteligencia que juzga prácticamente sobre la bondad o maldad de los actos humanos.

En una conciencia justa y honesta es donde aparece lo que es justo y lo que es bueno, para poder actuar de acuerdo con la finalidad de la vida. Una persona que guía su pensamiento y acción con una conciencia honesta, descubre el sentido de la vida, incrementa su capacidad de amar, de hacer el bien y de ser feliz.

Conciencia Honesta = Felicidad

A mayor conciencia se logra una mejor obra de si mismo.

Jerarquía de Valores:

VALOR ECONOMICO: Se refiere al dinero, los bienes materiales, la comodidad; es decir, como administrar el dinero, como lo vamos a emplear. ¿Es malo el dinero? No, claro que no, ya que sirve para satisfacer nuestras necesidades de alimentación, salud, casa, vestido. Solamente hay que considerar un aspecto muy importante: cómo lo obtenemos y en qué lo empleamos.

El dinero es útil, es necesario; sin embargo, el problema surge cuando depositamos la felicidad en él y creemos que en la medida que lo tengamos vamos a ser felices o más valiosos. El dinero es un bien, pero se convierte en un antivalor cuando lo convertimos en un fin o cuando lo obtenemos por medios ilícitos y deshonestos.

VALOR FISICO: Este valor está encaminado a la salud y la perfección del cuerpo, que nos llevan al bienestar físico.

Cuantos hay que son responsables en sus trabajos pero irresponsables con sus cuerpos; que se desvelan sin parar, mal comen, atienden innumerables asuntos a la vez, fuman, se rayan el cuerpo, se drogan y poco a poco los problemas físicos se agravan.

Dependiendo de nuestra situación actual, a lo mejor un primer paso es hacer 10 minutos de gimnasia o caminar diez cuadras, o cuidar tu alimentación.

Podemos fomentar en la familia este valor:

- Cuidando su alimentación.

- Fomentando los hábitos de limpieza personal y familiar.

- Salir a caminar toda la familia por lo menos tres veces a la semana.

- Tener un horario de estudio, comida, descanso, diversión y vigilar que se cumpla.

- Hacerse un chequeo médico general, aunque no se esté enfermo.

- Seguir al pie de la letra las indicaciones del médico en caso de enfermedad.

VALOR SOCIAL: Su fin es el poder, la fama, el prestigio y el liderazgo. El valor social surge de la misma naturaleza del hombre que vive siempre en relación con los demás. De aquí surge la cortesía y los buenos modales.

El valor social se refiere a saber convivir, a como relacionarnos adecuadamente con los demás y su fundamento es el **respeto**.

Para mejorar en esta esfera, proponte estas cuestiones:

- Conservar y aumentar el número de tus amistades.

- Recordar los cumpleaños y fechas importantes de quienes te rodean.

- Mejorar tu tono de voz y tus modales.

- Aprender a manejar tus expresiones de alegría o de enojo.

- Esmerarte en dejar las cosas que utilizas igual o mejor de cómo las encontraste, porque otros también las usarán.

- Aprender a mejorar en el trabajo en equipo. Ser organizado y responsable.

- Aumentar tu conciencia cívica. Respetar a la Patria.

- Evitar bromas pesadas de mal gusto. Evitar apodos.

- Respetar a las personas; respetar sus opiniones, sus ideas, su forma de ser.

- No hablar mal de nadie cuando no esté presente; no burlarse de los demás, no criticar.

- Estudiar y conocer el daño que hacemos a nuestro cuerpo al fumar o tomar en exceso, por ejemplo, ¿sabías que tu capacidad pulmonar a partir de los 55 años disminuye un 1% cada año?, si llegas a esa edad con una capacidad pulmonar de 100% y vives 25 años más, tu capacidad pulmonar a los 80 años estará en 75%, pero si llegas a los 55 años con una capacidad de 60%, mermada por el tabaco, entonces en 25 años tendrás una capacidad de 35%

VALOR AFECTIVO: Este valor se refiere a la manifestación de cariño, de la ternura, de nuestros sentimientos, emociones y pasiones, que no se pueden negar ni destruir, pero sí se pueden orientar. Satisfacer la necesidad de amar y sentirse amado. En este valor entra el compañerismo, la solidaridad y la amistad.

¿Cómo lo podemos vivir? Con los pequeños grandes detalles: un gracias, un te quiero, te quedó rica la comida, un abrazo y un beso a tu hijo, a la esposa al llegar a casa, felicitar al compañero que cumple años, ayudar en las labores de la casa aunque lleguemos cansados de trabajar, sentarse a platicar con mamá, papá, esposa o un hermano, etc.

El amor es la máxima expresión del ser humano. Amar es darse, entregarse y buscar siempre el bien de la otra persona. Nadie da lo que no tiene, es necesario conocerse uno mismo y aceptarse. Entonces, el siguiente paso es conocer y aceptar a los demás. No puede amarse lo que no se conoce. Por esto es importante analizar nuestra capacidad de diálogo y comunicación. A veces no conocemos, ni aceptamos, ni amamos a una persona, porque los canales de comunicación están obstruidos, nos cerramos, no nos damos la oportunidad de conocerla.

VALOR INTELECTUAL: Este valor nos da claridad y profundidad de pensamiento, nos permite aplicar el don de la inteligencia que recibimos de Dios. Su objetivo es la búsqueda de la verdad. Saber, pensar, hablar, escribir, expresarse, leer, investigar. El compromiso con la verdad exige esfuerzo.

VALOR ESTETICO: Se refiere a la belleza, a buscar la armonía en las personas y en las cosas, no solo ver el lado negativo de ellas, sino saber apreciar sus cualidades. Disfrutar de la naturaleza y cuidarla: no desperdiciar el agua, no tirar basura, regar las plantas, plantar un árbol, etc. Tener una actitud positiva y optimista ante la vida.

La vida es bella y nos brinda por vía natural tan bellas emociones. Visita museos, obras arquitectónicas, aprecia una hermosa puesta de sol, selecciona adecuadamente los programas de televisión. Escucha buena música, hay buena música en cualquier género musical. La música es un lazo de unión entre personas, familias, pueblos y naciones enteras.

De los sentidos internos, el más importante para la estética es la imaginación. Pero no la dejes sin rienda, debemos dirigirla a la búsqueda del bien.

VALOR MORAL: Este valor tiene que ver con el uso de nuestra libertad, que es la capacidad que nos asemeja a Dios y nos permite ser los constructores de nuestro propio destino. Se vive en la práctica de las virtudes, que nos ayudan a perfeccionarnos como personas y alcanzar el fin para el que fuimos creados, **la felicidad**.

La persona ejerce su libertad cuando escoge entre varios caminos, se decide por uno y rechaza los demás.

La libertad es la capacidad del ser humano para elegir un bien. Así, cada vez que elige, hace uso de su libertad.

Para elegir libremente es necesario valerse de las tres facultades superiores: la inteligencia, la voluntad y la capacidad de amar.

La inteligencia busca la verdad a través del conocimiento.

La voluntad busca el bien y, por medio de la libertad, elige lo que es más conveniente.

Por el hecho de elegir, el hombre es responsable de las consecuencias de sus actos.

Es importante considerar que existe el riesgo de cometer muchos errores a lo largo de la vida, pero siempre se tiene la libertad para volver a intentar y corregir.

El enfoque no es castigar los errores o equivocaciones que todos cometemos en nuestra vida, nadie está exento de equivocarse, el enfoque es estar consciente de que me equivoque, aceptar mi error y estar dispuesto a corregir.

Las virtudes son hábitos buenos, que nos llevan a actuar siempre buscando el bien, en cualquier lugar y circunstancia. Son cuatro las virtudes cardinales:

Prudencia: Consiste en la capacidad de reflexionar adecuadamente antes de tomar una decisión, analizando los pros y contras de cada situación. Y la manera de vivir la virtud es:

- Los esposos dialogan para ponerse de acuerdo en las mejores formas y caminos para educar a sus hijos.

- No dejarse llevar por el estado de ánimo, enojos e impaciencias.

- Respetar la autoridad de tu cónyuge, de tu jefe o padre de familia.

- Reflexionar sobre lo que haces y las consecuencias de tus decisiones.

- Evitar corregir a alguien o discutir cuando hay personas ajenas presentes.

- No criticar.

Templanza: Ayuda a satisfacer nuestras necesidades adecuadamente sin caer en los excesos. Permite tener un control sobre nuestros deseos e impulsos. Y la manera de vivir esta virtud es:

- No dar a nuestros hijos todo lo que piden, ni sobreprotegerlos, pero tampoco caer en el otro extremo de exigirles hacer trabajos y tomar responsabilidades que no les corresponden.

- Tener un horario de actividades: comida, descanso, tareas diversiones.

- Saber valorar y agradecer lo que tenemos.

- Vestir adecuadamente, respetándose a si mismo.

- Evitar los excesos en la comida, bebida, descanso.

Fortaleza: Nos permite buscar el bien de manera constante y superar los obstáculos que se presentan al cumplir nuestras responsabilidades. Podemos vivir la virtud:

- Levantándonos inmediatamente al sonar el despertador.

- Privándonos de algún gusto o capricho.

- Siendo pacientes con nuestros hijos, padres, compañeros y entre hermanos.

- No desalentarnos por las dificultades que se presentan.

Justicia: Consiste en dar a Dios y al prójimo lo que les corresponde. Permite que haya un equilibrio en nuestra relación con los demás. Nos ayuda para alejarnos de cualquier mal que dañe al prójimo o a la sociedad, hacer el bien debido a los demás.

La forma de vivir esta virtud es:

- Respetar y darle el lugar a los demás como lo que son: personas.

- Cumplir con las responsabilidades como padre, como hijo, como trabajador, como esposo.

- Valorar el esfuerzo y dedicación que hacen tus hijos, hermanos, tus padres, tu esposa en el trabajo, el estudio y la ayuda en casa, más que la perfección de los resultados.

- Respetar el tiempo que corresponde a tu familia, trabajo, descanso, diversión, deporte, etc.

VALOR ESPIRITUAL: Es el nivel de los valores más elevado, que tiene que ver con nuestra relación personal con Dios, que es la base de todos los demás valores.

Buscamos instintivamente a Dios porque fuimos hechos para EL y lo necesitamos aunque no siempre caigamos en la cuenta de ello.

Tenemos tres herramientas que nos permiten vivir adecuadamente este valor y son las **Virtudes Teologales** (Fé, Esperanza y Caridad), éstas virtudes que Dios nos da para que podamos vivir como hijos de El:

La Fe: Es la verdad de lo que creemos y la certeza de lo que esperamos.

Al hablar de la fe no nos movemos en el plano de la naturaleza humana, como en los valores anteriores, sino en el mundo de lo sobrenatural, de la gracia. Y en este terreno, o se tiene fe o no se tiene. Si sucede lo primero, hay que cultivarla y hacerla vida; si por el contrario, no se tiene fe, hay que saber respetar a quien la tiene: no burlarse, no atacar, estudiar para comprender, y quizás hasta llegar a pedirla a Dios.

Valores como la familia, la vida, la sexualidad, el amor, la fidelidad, cuelgan de la percha de la fe. Por eso si ésta se pierde o se convierte en una etiqueta vacía, empiezan a desencadenarse una serie de crisis (fe-familia-sexualidad-moral...).

La fe y la familia son dos caras de la misma moneda, por eso, la educación familiar, va junto con la educación de la fe. Si amamos a la familia, debemos alimentar y crecer en nuestra fe.

La Esperanza: Consiste en confiar plenamente en Dios; es estar seguro de que El nos acompaña y nos ayuda a salir adelante. Muchas veces nos desesperamos y creemos que nuestros problemas no tienen solución, se nos olvida que Dios está con nosotros.

Debemos ser agradecidos por todas las bendiciones y beneficios que Dios nos concede.

La Caridad: Es la mejor prueba de que amamos a Dios, si amamos a nuestros hermanos, ya que la caridad es el amor expresado en obras, buscando siempre el bien a los demás.

Para vivir la caridad debemos de convivir con los demás sin hacer distinciones, tratar a los demás como quiero que me traten a mi, ayudar a quien lo necesite, visitar a los enfermos, rezar por los demás, respetar y aceptar a los otros como son y por supuesto perdonar de corazón a los que nos ofenden.

VALORES (en orden alfabético):

A continuación se muestra la definición de los valores, esta definición se ha tomado de diferentes fuentes y libros.

Alegría. La fuente más común, más profunda y más grande de la alegría es el amor.

La alegría es algo simple, pero no sencillo. Es simple apreciar si una persona es alegre o no, y la forma en la que ilumina a los demás, sin embargo tratar de ser una persona así no es sencillo. La alegría es un gozo del espíritu.

La alegría proviene del interior. Desde el centro de nuestra mente, de nuestra alma, hay un bienestar, una paz que se reflejan en todo nuestro cuerpo: sonreímos, andamos por ahí tarareando o silbando una tonadita, nos volvemos solícitos. El cambio es realmente espectacular, tanto que suele contagiar a quienes están alrededor de una persona así.

La alegría surge, en primer lugar, de una actitud, la de decidir cómo afronta nuestro espíritu los eventos que nos rodean. Quien se deja afectar por las situaciones malas, elige sufrir. Quien decide que su paz es mayor que las situaciones externas, entonces se acerca más a una alegría. Una alegría que viene desde adentro.

La fuente más común, más profunda y más grande de la alegría es el amor, particularmente el amor en pareja. ¿Quién no se siente alegre cuando recién conoció a una persona que le gusta? Aún más ¿Quién no ve el mundo diferente cuando se da cuenta de que esa persona, además, está interesada en nosotros? El amor rejuvenece y es una fuente espontánea y profunda de alegría. Ese amor es, efectivamente, el principal combustible para estar alegres. Quien no ama, no ríe. Y es por eso que el egoísta sufre, y nunca está alegre.

El tener vida ya es motivo suficiente de alegría, aún en las circunstancias más adversas, estamos en condiciones de hacer algo positivo y de provecho para los demás, "es hacer el bien, sin mirar a quien". Disfrutar de lo poco o de lo mucho que tenemos sin renunciar a mejorar, mientras tengamos vida, tenemos posibilidades. Toda persona es capaz de irradiar desde su interior la alegría, manifestándola exteriormente con una simple sonrisa o con la actitud serena de su persona, propia de quien sabe apreciar y valorar todo lo que existe a su alrededor.

Amistad. Está claro que difícilmente podemos sobrevivir en la soledad y el aislamiento. Necesitamos a alguien en quien confiar, a quien llamar cuando las cosas se ponen difíciles, y también con quien compartir una buena película. Pero ¿Qué es la amistad? ¿De qué se compone? ¿Cómo tener amistades que duren toda la vida?

Las amistades suelen comenzar de imprevisto, y muchas veces sin buscarlas. En el camino de la vida vamos encontrándolas. Y todo comienza porque alguien "nos cae bien".

Convicciones, sentimientos, gustos, aficiones, opiniones, ideas políticas, creencias, religión son algunos de los aspectos en común que pueden hacer que nos hagamos amigos de alguien.

Sentirse a gusto con una persona, conversar y compartir sentimientos es el principio de eso que llamamos amistad.

Para que la amistad sea verdadera, debe existir algo en común y, sobre todo, estabilidad. El interés común puede ser una misma profesión, una misma carrera, un pasatiempo en común, y la misma vida nos va dando amigos.

La amistad es tan importante para el desarrollo humano, su estabilidad y el mejoramiento de la sociedad que es un verdadero valor, que debemos cuidar y fomentar.

Amor. Es la donación que voluntariamente hace una persona de si misma a otra persona. Esta donación no empobrece a quien se entrega, más bien la enriquece y le ayuda a desarrollarse como persona. Esta donación y vida en el amor permite descubrir y dar sentido a la vida, además de poder imponerse a todas las circunstancias adversas que se presentan, pues a través del amor se descubre el bien y la felicidad.

Aprender. El valor que nos ayuda a descubrir la importancia de adquirir conocimientos a través del estudio y la reflexión de las experiencias cotidianas.

Uno de los valores fundamentales de todo ser humano es el conjunto de habilidades y conocimientos de que dispone para resolver problemas. La única forma de obtener este conjunto es el aprendizaje. El valor de aprender tiene como finalidad la búsqueda habitual de conocimientos a través del estudio, la reflexión de las experiencias vividas y una visión profunda de la realidad.

Autenticidad. Las experiencias, el conocimiento y la lucha por concretar propósitos de mejora, hacen que con el tiempo se vaya conformando una personalidad propia.

El valor de la autenticidad le da a la persona autoridad sobre sí mismo ante sus gustos y caprichos, iniciativa para proponerse y alcanzar metas altas, carácter estable y sinceridad a toda prueba, lo que le hace tener una coherencia de vida.

La autenticidad da a la persona una natural confianza, pues con el paso del tiempo ha sabido cumplir con los deberes que le son propios en el estudio, la familia y el trabajo, procurando perfeccionar el ejercicio de estas labores superando la apatía y la superficialidad, sin quejas ni lamentaciones. Por la integridad que da el cultivo de este valor, nos convertimos en personas dignas de confianza y honorables, poniendo nuestras cualidades y aptitudes al servicio de los demás, pues nuestras miras van más allá de nuestra persona e intereses.

Autodominio. Formar un carácter capaz de dominar la comodidad y los impulsos propios de su forma de ser para hacer la vida más amable a los demás.

Es el valor que nos ayuda a controlar los impulsos de nuestro carácter y la tendencia a la comodidad mediante la voluntad. Nos estimula a afrontar con serenidad los contratiempos y a tener paciencia y comprensión en las relaciones personales.

El autodominio debe comprenderse como una actitud que nos impulsa a cambiar positivamente nuestra personalidad.

El autodominio nos ayuda a reconocer los distintos aspectos de nuestra personalidad y nuestra forma de reaccionar ante determinadas circunstancias.

La persona que aprende a controlarse interiormente tiene el privilegio de vivir una alegría auténtica, pues jamás se deja llevar por los disgustos y contratiempos; además, tiene la tranquilidad del deber cumplido, pues por el control que tiene sobre la comodidad, es capaz de cumplir con sus deberes oportunamente. Consecuentemente, todo esto le ayuda a tener excelentes relaciones personales, por la cordialidad y delicadeza que mantiene en su trato.

Autoestima. No basta tener seguridad en nuestras capacidades, el valor de la autoestima esta fundamentado en un profundo conocimiento de nosotros mismos

Nuestra vida transcurre entre logros y fracasos, y la autoestima es el valor que nos hace tener plena seguridad en nuestras capacidades, además, da la fortaleza necesaria para superar los momentos difíciles de nuestra vida, evitando caer en el pesimismo y el desánimo.

Para que la autoestima sea realmente un valor, debemos tener un fundamento sólido sobre el cual queremos edificarla. Si solamente pensamos en ella como un producto del éxito, la posición profesional, una elevada capacidad intelectual o la aceptación social, reducimos todo a un actuar soberbio y con fines meramente protagonistas.

Es conveniente señalar que este valor se construye y edifica en nuestro interior.

La autoestima aparenta ser un valor muy personalista, sin embargo, todo aquello que nos perfecciona como seres humanos, tarde o temprano se pone al servicio de los demás; una vez que hemos recorrido el camino, es más sencillo conducir a otros por una vía más ligera hacia esa mejora personal a la que todos aspiramos.

Bondad. La bondad perfecciona a la persona porque sabe dar y darse sin temor a verse defraudado, transmitiendo aliento y entusiasmo a quienes lo rodean.

La bondad es una inclinación natural a hacer el bien, con una profunda comprensión de las personas y sus necesidades, siempre paciente y con ánimo equilibrado.

El ser bondadoso no equivale a ser blando, condescendiente con la injusticia, o indiferente ante lo que está bien o está mal en las actitudes y palabras de quienes nos rodean, por el contrario, sigue siendo enérgico y exigente, sin dejar de ser comprensivo y amable. Del mismo modo, jamás responde con insultos y desprecio ante quienes así lo tratan, por el dominio que tiene sobre su persona, procura comportarse educadamente a pesar del ambiente adverso.

El valor de la bondad perfecciona a la persona que lo posee porque sus palabras están cargadas de aliento y entusiasmo, facilitando la comunicación amable y sencilla; sabe dar y darse sin temor a verse defraudado; y sobre todo, tiene la capacidad de comprender y ayudar a los demás olvidándose de sí mismo.

Coherencia. Es el valor que nos hace ser personas de una pieza, actuando siempre de acuerdo a nuestros principios.

Coherencia es la correcta conducta que debemos mantener en todo momento, basada en los principios familiares, sociales y religiosos aprendidos a lo largo de nuestra vida.

Carácter. Transformar la imagen de una personalidad emprendedora, llena de energía, de fuerza y vitalidad, a una forma de ser propia y natural.

El tener carácter implica una decisión firme y una férrea voluntad para proponernos objetivos y alcanzarlos en la medida de nuestras posibilidades, el cultivo de los buenos hábitos, la actitud positiva hacia el trabajo y el esfuerzo por dominar a nuestros impulsos y al egoísmo.

La persona que verdaderamente tiene carácter no ve obstáculos, sino retos; domina sus impulsos para ser dueño de su voluntad: conserva amistades y relaciones por los valores que transmite;

encuentra alegría en lo que hace, sin conformarse con ser feliz a través de los placeres pasajeros.

Compasión. La compasión se enfoca en descubrir a las personas, sus necesidades y padecimientos, con una actitud permanente de servicio.

Parece ser que la compasión sólo puede tenerse en algunos momentos de nuestra vida, con aquellos que han caído en desgracia y los desvalidos. La capacidad de conmovernos ante las circunstancias que afectan a los demás se pierde día a día, recuperar esa sensibilidad requiere acciones urgentes para lograr una mejor calidad de vida en nuestra sociedad.

Compadecerse es una forma de compartir y participar de los tropiezos materiales, personales y espirituales que aquejan a los demás, con el interés y la decisión de emprender acciones que les faciliten y ayuden a superar las condiciones adversas.

Ante todo, debe quedar claro que tener compasión y sentir lástima no es lo mismo. Contemplamos la desgracia muchas veces como algo sin remedio y sentimos escalofrío al pensar que sería de nosotros en esa situación, sin hacer nada, a lo mucho pronunciamos unas cuantas palabras para aparentar condolencia.

Necesitamos de esa compasión que comprende, se identifica y se transforma en actitud de servicio.

Comprensión. Cuántas veces hemos tenido la necesidad de encontrar a alguien que escuche y comparta nuestros sentimientos e ideas en un momento determinado. Cuando nos sentimos comprendidos entramos en un estado de alivio, de tranquilidad y de paz interior.

La comprensión no es algo para ejercitar en situaciones extremas, se vive día a día en cada momento de nuestra vida, con todas las personas, en los detalles más pequeños y en apariencia insignificantes.

¡Qué importante es la comprensión! Podemos afirmar que es un acto lleno de generosidad porque con ella aprendemos a disculpar, a tener confianza en los demás, y por lo tanto, ser una persona de estima, a quien se puede recurrir en cualquier circunstancia.

Compromiso. Comprometerse va más allá de cumplir con una obligación, es poner en juego nuestras capacidades para sacar adelante todo aquello que se nos ha confiado.

Una persona comprometida es aquella que cumple con sus obligaciones haciendo un poco más de lo esperado al grado de sorprendernos, porque vive, piensa y sueña con sacar adelante a su familia, su trabajo, su estudio y todo aquello en lo que ha empeñado su palabra.

La persona comprometida es generosa, busca como dar más afecto, cariño, esfuerzo, bienestar... en otras palabras: va más allá de lo que supone en principio el deber contraído. Es feliz con lo que hace hasta el punto de no ver el compromiso como una carga, sino como el medio ideal para perfeccionar su persona a través del servicio a los demás.

Comunicación. Una buena comunicación puede hacer la diferencia entre una vida feliz o una vida llena de problemas.

La comunicación es indispensable para procurar y mantener las buenas relaciones en todos los ámbitos de nuestra vida, particularmente en la familia, el trabajo y con las personas más cercanas a nosotros. Aún así enfrentamos desacuerdos y discusiones sin sentido, provocando -en ocasiones- una ruptura en las relaciones con los demás. Entender y hacerse comprender, es un arte que facilita la convivencia y la armonía en todo lugar.

Con facilidad podemos perder de vista que la comunicación entra en el campo de los valores. Precisamente cuando hay problemas de comunicación en el trabajo, con la pareja, con los hijos o con los amigos se comienza a apreciar que una buena comunicación puede hacer la diferencia entre una vida feliz o una vida llena de problemas.

El valor de la comunicación nos ayuda a intercambiar de forma efectiva pensamientos, ideas y sentimientos con las personas que nos rodean, en un ambiente de cordialidad y buscando el enriquecimiento personal de ambas partes.

Confianza. Los hombres no podríamos vivir en armonía si faltara la Confianza.

¿Entonces donde no hay confianza puede haber armonía? Difícilmente.

Tenemos seguridad en una persona porque sabemos que en sus palabras no existe el doble sentido o el rebuscamiento; jamás hace un juicio a la ligera sobre las actitudes de los demás; trabaja con intensidad, procurando terminar la tarea encomendada cuidando hasta el más mínimo detalle; llegará puntual si así se ha acordado o guardará el secreto que le hemos confiado.

Somos dignos de Confianza por cumplir responsablemente nuestras obligaciones, ayudamos a los demás con nuestro consejo o nuestro trabajo, si sabemos cumplir con las promesas que hacemos, evitamos criticar a los demás, generamos un ambiente agradable en las reuniones a las que somos invitados, comprendemos los errores de los demás y ayudamos a corregir.

Tal vez los mejores indicadores de Confianza, son la cantidad de amigos que tenemos, el número de personas que acuden a nuestro negocio y las responsabilidades que nos asignan en el trabajo; cuando esto ocurre, podemos decir que somos Confiables.

Consejo. Una palabra acertada y expresada en el momento justo, logrará un cambio favorable en la vida de quienes nos rodean.

El valor del consejo nos ayuda a advertir las posibilidades de mejora que tienen las personas, transmitiendo ideas que orienten y faciliten el crecimiento individual de cada una de ellas en los distintos aspectos de su vida; siempre de persona a persona, en un ambiente de confianza, procurando no ofender, ni interferir en decisiones que no nos corresponden.

El aconsejar es una responsabilidad muy grande, porque cada una de nuestras palabras puede traer un beneficio o una consecuencia grave en la vida de quien nos escucha. El valor del consejo despierta en nosotros el verdadero interés por nuestros semejantes, desarrollando una personalidad digna de confianza, por el respeto y prudencia que manifestamos al orientar los demás.

Crítica Constructiva. Hacer una crítica constructiva para ayudar a los demás es una actitud madura, responsable y llena de respeto por nuestros semejantes.

El valor de la crítica constructiva se fundamenta en el propósito de lograr un cambio favorable que beneficie a todas y cada una de las personas involucradas en circunstancias o ambientes determinados, con actitud de respeto y sentido de colaboración.

De forma natural el hombre busca comunicar sus pensamientos e influir en los demás con su opinión para lograr cambios en la familia, la sociedad, el trabajo o la escuela, sin embargo, corremos el riesgo de sujetarnos únicamente a nuestro particular punto de vista e intereses, sin atender a las necesidades o propósitos que tienen los demás.

A través de la crítica constructiva se desarrollan otros valores: lealtad, honestidad, sencillez, respeto, amistad... Con esta referencia sería absurdo cerrar nuestro entendimiento y pasar por alto la importancia de vivir este valor, pues nadie puede jactarse de tener un buen juicio crítico, si no ha logrado establecer un equilibrio entre la manera como acepta las críticas y la forma e intención con que las expresa.

Decencia. El valor que nos recuerda la importancia de vivir y comportarnos dignamente en todo momento y lugar.

Posiblemente uno de los valores que habla más de una persona es la decencia, para vivirla se necesita educación, compostura, buena presencia, respeto por si mismo y por los demás.

La decencia es el valor que nos hace conscientes de la propia dignidad humana, por él se guardan los sentidos, la imaginación y el propio cuerpo, de exponerlos a la morbosidad y al uso promiscuo e indebido de la sexualidad.

Cuando una persona deja de vivir este valor, su personalidad sufre una transformación poco agradable: muchas de sus conversaciones hacen referencia al tema sexual; continuamente busca algo que estimule su imaginación y sentidos (revistas, películas, internet, etc.); la mirada se vuelve inquieta, buscando enfocarse en personas físicamente atractivas; asiste a espectáculos y lugares donde la sexualidad humana es sólo una forma de tener placer.

Faltar a la decencia hace que las relaciones con personas del sexo opuesto sean inestables y poco duraderas, fundamentadas en la búsqueda de placer, con una evidente falta de compromiso y obligaciones. Por eso no debe sorprendernos el aumento de infidelidades y divorcios; jóvenes que cambian de pareja con mucha facilidad, madres solteras, orfandad, abortos...

Desprendimiento. El valor del desprendimiento nos enseñará a poner el corazón en las personas, y no en las cosas materiales.

Consiste en saber utilizar correctamente nuestros bienes y recursos evitando apegarse a ellos y, si es necesario, para ponerlos al servicio de los demás.

El valor del desprendimiento ayudará a nuestra sociedad a convertirnos en personas más altruistas y generosas, brindará un mejor ambiente en nuestras relaciones con amigos y familiares y nos convertirá en personas que tienen el corazón, puesto en el lugar correcto.

Docilidad. Es el valor que nos hace conscientes de la necesidad de recibir dirección y ayuda en todos los aspectos de nuestra vida.

La docilidad es el valor que nos hace tener la suficiente humildad y capacidad para considerar y aprovechar la experiencia y conocimientos que los demás tienen.

La docilidad nos ayuda a ser más sencillos, pues nos dispone a escuchar con calma y atención, a considerar con mayor detenimiento las sugerencias que nos hacen y a tomar decisiones más serenas y prudentes en base a la información recibida.

Pocas veces en nuestra vida pensamos en la necesidad que tenemos de los demás, generalmente intentamos solucionar, decidir y ejecutar todo según nuestro criterio; y efectivamente, tendremos bastantes aciertos, pero también muchos fracasos y errores por considerar como inútiles los consejos que recibimos de quienes nos rodean.

Ecología. El valor que encuentra en la protección del medio ambiente una forma de servir a los demás.

Es el valor que nos hace considerar y actuar en favor de la protección del medio ambiente, los recursos naturales y toda forma de vida, incluyendo la propia.

Quien vive este valor en la medida de sus posibilidades y con acciones concretas, demuestra un serio compromiso por el bienestar de sus semejantes, con quienes se solidariza para realizar una labor más efectiva, pues su actitud no depende de la moda o el fanatismo, sino por la firme determinación de mejorar el mundo en el que vivimos.

Empatía. El valor de la empatía nos ayuda a recuperar el interés por las personas que nos rodean y a consolidar la relación que con cada una de ellas tenemos.

Cada vez que nos acercamos a las personas esperamos atención y comprensión, dando por hecho que seremos tratados con delicadeza y respeto. Pero, ¿cuántas veces procuramos tratar a los demás de la misma forma?

La empatía es el esfuerzo que realizamos para reconocer y comprender los sentimientos y actitudes de las personas, así como las circunstancias que los afectan en un momento determinado.

Podemos concluir que la empatía es un valor indispensable en todos los aspectos de nuestra vida, sin él, sería muy difícil enriquecer las relaciones interpersonales; quien se preocupa por vivir este valor, cultiva simultáneamente entre otros: confianza, amistad, comprensión, generosidad, respeto y generosidad.

Experiencia. Qué personalidad tan fuerte y atractiva presenta la experiencia! Parece tan lejano el día en el que seamos maduros y más prudentes.

Todos apreciamos el valor de la experiencia. Tenemos la necesidad de acudir a las personas mayores en busca de guía y consejo, pues su conocimiento del mundo, de la vida y de la gente, son una fuente invaluable para tomar decisiones.

La experiencia es el conocimiento adquirido en el transcurso de nuestra vida, ayudándonos a tomar mejores decisiones ponderando posibilidades y riesgos; aprendemos en la intimidad de nuestro ser, en la familia, con los amigos, a través de la lectura, en el trabajo. A pesar de todo esto, muchas veces seguimos tomando decisiones a la ligera, cometiendo los mismos errores y cerrando nuestros oídos a los consejos que nos brindan personas con mas visión que nosotros.

La experiencia es un valor fundamental en muchos ámbitos de la vida: con la pareja, en el trabajo, al tomar decisiones económicas.

Familia. La familia ocupa el primer lugar en las encuestas de valores.

La familia se distingue por su gran capacidad de convivir, por la solidaridad incondicional que hay entre sus miembros y por la gran generosidad de los padres hacia los hijos.

La institución familiar es una fortaleza y una oportunidad insustituible para el crecimiento integral de las personas. Es el lugar donde recibimos la mejor atención, donde encontramos relaciones auténticas, placenteras y permanentes; es el mejor clima para que la autoestima se robustezca y se entable una comunicación incondicional; es el molde donde se hornean día a día las actitudes profundas que nos ayudan a enfrentar la vida.

Una familia unida y estable, que a pesar de sus defectos y limitaciones busca vivir los valores evangélicos, es un oasis emocional y una escuela de principios morales, valores absolutamente necesarios para no perderse ni dejarse llevar por la vorágine de los cambios que vivimos.

Es precisamente en este espacio que proporciona la familia, donde las personas recibimos la más importante formación para la vida; es en la familia donde el niño recibe los valores fundamentales para establecer la relación con su entorno, en la familia se aprende a amar, a respetar a los demás, se aprende el valor de la vida, se aprende a socializar, a compartir, se aprende la disciplina que nos acompañará el resto de nuestra vida.

Es en la familia donde las personas aprendemos a SER.

Felicidad. El ser feliz no es un estado de ánimo, es una actitud constante.

Es fácil confundir la felicidad con el bienestar. Por eso muchas personas tienden a equivocar el sentido de los bienes materiales en sus vidas, creyendo que les dará una felicidad que nunca encuentran.

La felicidad es un concepto mucho más profundo de estabilidad, seguridad, esperanza. La felicidad no es la falta de problemas o la ausencia de dificultades. ¿Se puede ser feliz en medio de una tormenta? Sí, porque la felicidad no es algo que esté necesariamente fuera de nosotros. El primer sitio donde debemos encontrarla es en nuestro interior. Es muy difícil ser feliz con una actitud de resentimiento o de enojo hacia la vida. Tampoco se puede ser feliz si depositamos nuestro corazón en cosas materiales o en las personas equivocadas.

La Felicidad esta implícita en la vivencia de los demás Valores, cada uno de ellos nos aporta la posibilidad de llevar una vida plena, positiva y llena de optimismo.

Fidelidad. Vivir la fidelidad se traduce en la alegría de compartir con alguien la propia vida, procurando la felicidad y la mejora personal de la pareja.

Una de las peores consecuencias de la falta de fidelidad o lealtad se puede ver en el rostro de los que luego se arrepienten y ya nada pueden hacer.

El engaño a otros inevitablemente nos va a rebotar y a la larga los perdedores seremos nosotros mismos.

La fidelidad es el íntimo compromiso que asumimos de cultivar, proteger y enriquecer la relación con otra persona y a ella misma, por respeto a su dignidad e integridad, lo cual garantiza una relación estable en un ambiente de seguridad y confianza que favorece al desarrollo integral y armónico de las personas.

Por extraño que pueda parecer, la fidelidad es anterior a la relación misma; debemos conocer y descubrir realmente lo que buscamos y estamos dispuestos a dar en una relación.

La fidelidad no es exclusiva del matrimonio, es indispensable en el noviazgo porque no hay otra forma de aprender a cultivar una relación y hacer que prospere. No está mal que los jóvenes conozcan a distintas personas antes de decidir con quien sacar adelante su proyecto de vida, pero debe hacerse bien, sin engaños, procurando conocer realmente a la persona, dando lo mejor de sí mismos, teniendo rectitud de intención en sus intereses, eso es noble, correcto y sobre todo, leal.

Sin lugar a dudas, cuando somos fieles podemos decir que nuestra persona se perfecciona por la unión de dos voluntades orientadas a un fin común: la felicidad del otro. Cuando este interés es auténtico, la fidelidad es una consecuencia lógica, gratificante y enriquecedora.

Vivir la fidelidad se traduce en la alegría de compartir con alguien la propia vida, procurando la felicidad y la mejora personal de la pareja, generando estabilidad y confianza perdurables, teniendo como resultado el amor verdadero.

Flexibilidad. La Flexibilidad es la capacidad de adaptarse rápidamente a las circunstancias, los tiempos y las personas, rectificando oportunamente nuestras actitudes y puntos de vista para lograr una mejor convivencia y entendimiento con los demás.

La flexibilidad mejora nuestra disposición para llegar a un común acuerdo y enriquecerse de las opiniones de los demás, de esta manera ambas partes se complementan y benefician mutuamente.

Generosidad. Dar y darse. El valor que nos hace mejorar como personas, es más bienaventurado dar, que recibir.

En esta época nuestra, que exalta como valores supremos la comodidad, el éxito personal y la riqueza material, la generosidad parece ser lo único que verdaderamente vale la pena en esta vida.

Pero ¿Qué es generosidad? ¿Es dar limosna a un niño de la calle? ¿Es invertir mi tiempo en obras de caridad? Si. Definitivamente eso es generosidad, pero también es generosidad escuchar al amigo en sus venturas y desventuras; generosidad también es llevarle un vaso de agua al hermano, hermana, padre, madre, esposo, esposa, hijo o hija. Generosidad es pensar y actuar hacia los demás, hacia fuera. No hacia adentro.

Ser generosos aunque hoy en día inusual, no es difícil, también es parte de nuestra naturaleza. Entendamos que el Yo debe dejar un poco de lugar a los demás y entregar lo que uno tiene. En silencio, sin reflectores. Ahí, donde está la paz.

Gratitud. Dicen que de todos los sentimientos humanos la gratitud es el más efímero de todos. Y no deja de haber algo de cierto en ello. El saber agradecer es un valor en el que pocas veces se piensa.

Ser agradecido es más que saber pronunciar unas palabras de forma mecánica, la gratitud es aquella actitud que nace del corazón en aprecio a lo que alguien más ha hecho por nosotros.

La gratitud no significa "devolver el favor": si alguien me sirve una taza de café no significa que después debo servir a la misma persona una taza y quedar iguales. El agradecimiento no es pagar una deuda, es reconocer la generosidad ajena.

La persona que más sirve es la que sabe ser más agradecida.

Entre más agradezcamos por todo aquello que necesitamos y ha sido proporcionado, más cosas habremos de recibir y de manera mas rápida. La razón es simple: la actitud mental de agradecimiento nos acerca a la fuente de donde vienen todas las riquezas.

Honestidad. La honestidad es una de las cualidades que nos gustaría encontrar en las personas o mejor aún, que nos gustaría poseer.

La Honestidad es una forma de vivir congruente entre lo que se piensa y la conducta que se observa hacia el prójimo, que junto a la justicia, exige en dar a cada quien lo que le es debido.

Para ser Honesto hace falta ser sinceros en todo lo que decimos; fieles a las promesas hechas en el matrimonio, en la empresa o negocio en el que trabajamos y con las personas que participan de la misma labor; actuando justamente en el comercio y en las opiniones que damos respecto a los demás.

La Paz. Un valor fundamental para las personas, las familias y las naciones

Vivir la fraternidad y la armonía entre los seres humanos son los ideales de paz que más se predican, en contraposición al desastre, la guerra y a todo género de conflictos. Pero la paz no comienza desde fuera, sino desde dentro. No depende de las decisiones de altos funcionarios sino de lo que llevamos en el interior.

La paz es un valor que suele perderse fácilmente de vista. Cuando una nación entra en conflicto con otra y tenemos que vivir sus consecuencias o cuando en la familia los problemas o pleitos comienzan a surgir comenzamos a apreciar el valor que tiene la paz.

Como en todos los valores, se requiere la iniciativa personal para lograr vivirlos. La paz interior surge como un producto del conocimiento propio: aprender a dominar nuestro egoísmo y el deseo de tener siempre la razón; saber escuchar y comprender las debilidades propias y ajenas. Pero sobre todo: pensar en los demás siempre. Cuando esto ocurre conciliamos la paz con nosotros mismos y con nuestros semejantes.

Laboriosidad. Trabajar es solo el primer paso, hacerlo bien y con cuidado en los pequeños detalles es cuando se convierte en un valor.

Podemos, fácilmente, dar una apariencia de laboriosidad cuando adquirimos demasiadas obligaciones para quedar bien, aún sabiendo que no podremos cumplir oportunamente; también puede tomarse como pretexto el pasar demasiado tiempo en la oficina o la escuela para dejar de hacer otras cosas, como evitar llegar temprano a casa y así no ayudar a la esposa o a los padres.

La pereza es la manera común de entender la falta de laboriosidad. Para ser laborioso se necesita estar activo, hacer cosas que traigan un beneficio a nuestra persona, o mejor aún, a quienes nos rodean: dedicar tiempo a buena lectura, pintar, hacer pequeños arreglos en casa, ayudar a los hijos con sus deberes, ofrecerse a cortar el pasto.

Cuando nos decidimos a vivir el valor de la laboriosidad adquirimos la capacidad de esfuerzo, tan necesaria en estos tiempos para contrarrestar la idea ficticia de que la felicidad sólo es posible alcanzarla por el placer y comodidad, logrando trabajar mejor poniendo empeño en todo lo que se haga.

El trabajo es mucho más que un valor: es una bendición.

Lealtad. Conoce este valor sin el cual nos quedamos solos y que debemos vivir nosotros antes que nadie.

Probablemente nadie entienda mejor la lealtad que aquel a quien le han traicionado alguna vez.

Todos esperamos la lealtad de los demás. A nadie le gusta ser traicionado, o saber que un amigo habló mal de nosotros.

La lealtad es un corresponder, una obligación que se tiene al haber obtenido algo provechoso. Es un compromiso a defender lo que creemos y en quien creemos. Por eso el concepto de la lealtad se da en temas como la Patria, el trabajo, la familia o la amistad. Cuando algo o alguien nos ha dado algo bueno, le debemos mucho más que agradecimiento.

Debemos ser leales con aquello que nos ha ayudado: un amigo que nos defendió, un país que nos acoge como patria, una empresa que nos da trabajo. La lealtad es defender a quien nos ha ayudado.

Libertad. Es la capacidad del ser humano para elegir un bien. Así, cada vez que elige, hace uso de su libertad.

Para elegir libremente es necesario valerse de las tres facultades superiores: la inteligencia, la voluntad y la capacidad de amar.

Liderazgo. Todo líder tiene el compromiso y la obligación de velar por la superación personal, profesional y espiritual de quienes lo rodean. Es una responsabilidad que como personas debemos asumir.

Por lo general se reconoce la figura de un líder por ser quien va a la cabeza, sobre sus hombros tiene la responsabilidad de llevar adelante todo género de proyectos, distinguiéndose por ser una persona emprendedora y con iniciativa, con la habilidad de saber transmitir sus pensamientos a los demás, comprensión de las personas y la desarrollada capacidad de conjuntar equipos de trabajo eficientes.

Un liderazgo efectivo no esta expresado por un nombramiento o designación específica.

Ser líder no es una postura o un galardón para lucir, es un compromiso, una responsabilidad y una obligación, no hay que olvidar que "todo cargo es una carga". No podemos ser indiferentes ante las atrocidades, la injusticia y la creciente amenaza de una falta de valores, hoy en día se necesitan hombres y mujeres decididos a cambiar la forma de vida de la sociedad. Es un gran reto, sí, pero la esperanza de un mundo mejor, debe alentarnos a ser los líderes de esta gran empresa.

Magnanimidad. El valor que nos hace dar más allá de lo que se considera normal, para ser cada día mejores sin temor a la adversidad o a los inconvenientes.

La magnanimidad es una disposición hacia dar más allá de lo que se considera normal, de entregarse hasta las últimas consecuencias, de emprender sin miedo, de avanzar pese a cualquier adversidad. El ánimo grande, la magnanimidad, es el valor que convierte a un simple ser humano en un héroe.

La magnanimidad es un excelente medio para robustecer nuestra comprensión, el espíritu de servicio, la generosidad, el perdón y el optimismo. Todas nuestras acciones se ennoblecen cuando están al servicio de los demás: el consejo, la ayuda, la compañía y hasta el mismo trabajo, son los medios ordinarios que tenemos al alcance para hacer de nuestras labores y aspiraciones algo grande, algo fuera de lo común, algo que pocos están decididos a hacer.

Obediencia. La obediencia es una actitud responsable de colaboración y participación, importante para las buenas relaciones, la convivencia y el trabajo productivo.

Una de las cosas que más trabajo nos cuestan es someter nuestra voluntad a la orden de otra persona. Vivimos en una época donde se rechaza cualquier forma de autoridad, así como las reglas o normas que todos debemos cumplir. La soberbia y el egoísmo nos hacen sentir autosuficientes, superiores, sin rendir nuestro juicio y voluntad ante otros pretextando la defensa de nuestra libertad.

Debemos evitar caer en el error de "sentir" que obedeciendo nos convertimos en seres inferiores y sumisos caracterizados por una libertad mutilada. Por el contrario, la obediencia nos lleva a practicar una libertad más plena, porque echamos por la borda el pesado lastre de la soberbia y la comodidad.

Podemos ver que la obediencia es una actitud responsable de colaboración y participación, dejando atrás el "hacer para cumplir", que eso lo hace cualquiera, poner lo que esta de nuestra parte es lo que hace de la obediencia un valor, no sólo importante, sino necesario para las buenas relaciones, la convivencia y el trabajo productivo.

Objetividad. Es el valor de ver el mundo como es, y no como queremos que sea.

Los seres humanos somos una compleja mezcla de sentimientos, raciocinio, experiencia y aprendizaje. Todos estos elementos pueden brindar a una persona una percepción de la realidad que puede estar equivocada.

Cuando una persona no es objetiva, se centra en las circunstancias y no en los problemas. Observa las cosas superficiales, pero no el fondo.

Ser objetivo es un reto importante, porque exige de nosotros ver los problemas y las situaciones con un enfoque que equilibre adecuadamente emoción y razonamiento. Esto por supuesto es complicado cuando las conclusiones se basan más en los sentimientos. Por ello el valor de la objetividad es tan importante, porque nos permite dar su justo peso a los acontecimientos y obrar de una forma coherente.

Optimismo. Forjar un modo de ser entusiasta, dinámico, emprendedor y con los pies sobre la tierra, son algunas de las cualidades que distinguen a la persona optimista.

El optimismo es el valor que nos ayuda a enfrentar las dificultades con buen ánimo y perseverancia, descubriendo lo positivo que tienen las personas y las circunstancias, confiando en nuestras capacidades y posibilidades junto con la ayuda que podemos recibir.

La principal diferencia que existe entre una actitud optimista y su contraparte –el pesimismo- radica en el enfoque con que se aprecian las cosas: empeñarnos en descubrir inconvenientes y dificultades nos provoca apatía y desánimo. El optimismo supone hacer ese mismo esfuerzo para encontrar soluciones, ventajas y posibilidades; la diferencia es mínima, pero tan significativa que nos invita a cambiar de una vez por todas nuestra actitud.

Todo requiere esfuerzo y el optimismo es la alegre manifestación del mismo, de esta forma, las dificultades y contrariedades dejan de ser una carga, convirtiéndonos en personas productivas y emprendedoras.

Orden. A todos nos agrada encontrar las cosas en su lugar, pero lo más importante es el orden interior y es el que más impacta a la vida.

Es muy fácil dejar cautivarse por la primera impresión. Eso todos lo sabemos. Pero el orden es un valor en el cual fácilmente podemos percibir la parte más superficial del mismo. Por supuesto que a todos nos agrada encontrar las cosas en su lugar, ver un sitio limpio y donde cada cosa tiene su propio espacio. Sin embargo el orden es algo mucho mas profundo que eso.

El orden externo de la persona, de su espacio de trabajo, de su casa o incluso de su automóvil, son muy importantes, es cierto, pero lo más importante es el orden interior y es el que más impacta a la vida.

Adquirir el valor del orden va mucho más que acomodar cosas y objetos, es poner todas las cosas de nuestra vida en su lugar. El valor del orden debe ayudarnos a darle a cada cosa su peso, a cada actividad su prioridad. A cada afecto el espacio que le corresponde.

Paciencia. Si nuestra época pudiera tener un nombre se llamaría "prisa". ¿Cómo esperamos que nuestra vida tenga más cordura y sea más amable a los demás si todo lo queremos "ya"?

La paciencia es el valor que hace a las personas tolerar, comprender, padecer y soportar los contratiempos y las adversidades con fortaleza, sin lamentarse; moderando sus palabras y su conducta para actuar de manera acorde a cada situación.

Uno de los grandes obstáculos que impiden el desarrollo de la paciencia, es, curiosamente, la impaciencia de esperar resultados a corto plazo, sin detenerse a considerar las posibilidades reales de éxito, el tiempo y esfuerzo requeridos para alcanzar el fin.

La persona que vive el valor de la paciencia, posee la sensibilidad para afrontar las contrariedades conservando la calma y el equilibrio interior, logrando comprender mejor la naturaleza de las circunstancias generando paz y armonía a su alrededor.

Patriotismo. El valor que nos hace vivir plenamente nuestro compromiso como ciudadanos y fomentar el respeto que debemos a nuestra nación.

Es el valor que procura cultivar el respeto y amor que debemos a la patria, mediante nuestro trabajo honesto y la contribución personal al bienestar común.

Perdón. Los resentimientos nos impiden vivir plenamente sin saber que un simple acto del corazón puede cambiar nuestras vidas y de quienes nos rodean.

En los momentos que la amistad o la convivencia se rompen por cualquier causa, lo más común es la aparición de sentimientos negativos: la envidia, el rencor, el odio y el deseo de venganza, llevándonos a perder la tranquilidad y la paz interior.

Una sociedad, una familia o un individuo lleno de resentimientos impiden el desarrollo hacia una esfera más alta.

Perdonar es más sencillo de lo que parece, todo está en buscar la forma de mantener una convivencia sana, de la importancia que le damos a los demás como personas y de no dejarnos llevar por los sentimientos negativos.

Perseverancia. Es tiempo de que los buenos propósitos se vuelvan realidad.

La perseverancia es hermana de la fortaleza. Con frecuencia en muchos aspectos de la vida, existe una verdadera lucha. Desde la escuela, el "aguantar" a un jefe lleno de defectos, tener una novia o un novio que hace cosas que nos desagradan, tener un marido o una esposa que a veces nos rompe los nervios y muchos otros momentos de la vida son difíciles. Desde pequeñas crisis hasta grandes huracanes, la vida nos depara un hecho innegable: la vida es hermosa, pero no necesariamente sencilla.

La perseverancia requiere sentido común. A cambio de contar con el valor de la perseverancia obtendremos el gozo de luchar por lo que queremos. Tal vez no lo logremos de inmediato, incluso tal vez no logremos algo en el final, sin embargo es importante disfrutar el camino. La perseverancia brinda estabilidad, confianza y es un signo de madurez.

A veces nos olvidamos de la sabiduría popular, pero no sería mala idea reflexionar solo un momento el viejo refrán: El que persevera alcanza.

Prudencia. Adelantarse a las circunstancias, tomar mejores decisiones, conservar la compostura y el trato amable en todo momento, forjan una personalidad decidida, emprendedora y comprensiva.

El ser prudente no significa tener la certeza de no equivocarse, por el contrario, la persona prudente muchas veces ha errado, pero ha tenido la habilidad de reconocer sus fallos y limitaciones aprendiendo de ellos. Sabe rectificar, pedir perdón y solicitar consejo.

El valor de la prudencia nos hace tener un trato justo y lleno de generosidad hacia los demás, edifica una personalidad recia, segura, perseverante, capaz de comprometerse en todo y con todos, generando confianza y estabilidad en quienes le rodean, seguros de tener a un guía que los conduce por un camino seguro.

Pulcritud. El valor de la pulcritud es la práctica habitual de la limpieza, la higiene y el orden en nuestras personas, nuestros espacios y nuestras cosas.

Todos los días, dejamos ver a los demás parte de nuestra personalidad y costumbres a través de nuestro arreglo personal, el esmero para trabajar, el cuidado al utilizar las cosas y en general, por la limpieza que procuramos mantener en nuestra vivienda y lugar de trabajo.

Efectivamente, orden, disciplina, perseverancia y congruencia, son valores que se complementan con el ejercicio de la pulcritud, porque dejamos de presentar una personalidad ficticia y de apariencias, para convertirlo en un modo de vida que demuestra educación, cultura y buenos modales.

Toda persona que se esmera en su presentación personal, el cuidado de sus cosas y lugares donde usualmente asiste así como las cosas que ordinariamente usa, crea un ambiente con la armonía que da el orden y la limpieza, provocando una respuesta positiva en quienes le rodean.

El vivir el valor de la pulcritud nos abre las puertas, nos permite ser más ordenados y brinda en quienes nos rodean una sensación de bienestar, pero sobre todo, de buen ejemplo.

Puntualidad. El valor que se construye por el esfuerzo de estar a tiempo en el lugar adecuado.

El valor de la puntualidad es la disciplina de estar a tiempo para cumplir nuestras obligaciones: una cita del trabajo, una reunión de amigos, un compromiso de la oficina, un trabajo pendiente por entregar.

El valor de la puntualidad es necesario para dotar a nuestra personalidad de carácter, orden y eficacia, pues al vivir este valor en plenitud estamos en condiciones de realizar más actividades, desempeñar mejor nuestro trabajo, ser merecedores de confianza.

Vivir el valor de la puntualidad es una forma de hacerle a los demás la vida más agradable, mejora nuestro orden y nos convierte en personas digna de confianza.

Respeto. Vivir en sociedad nos hace reflexionar sobre el valor del respeto, pero con éste viene la diferencia de ideas y la tolerancia.

Hablar de respeto es hablar de los demás. Es establecer hasta donde llegan mis posibilidades de hacer o no hacer, y dónde comienzan las posibilidades de los demás. El respeto es la base de toda convivencia en sociedad. Las leyes y reglamentos establecen las reglas básicas de lo que debemos respetar.

Sin embargo, el respeto no es solo hacia las leyes o la actuación de las personas. También tiene que ver con la autoridad como sucede con los hijos y sus padres o los alumnos con sus maestros. El respeto también es una forma de reconocimiento, de aprecio y de valoración de las cualidades de los demás, ya sea por su conocimiento, experiencia o valor como personas.

El respeto también tiene que ver con las creencias religiosas. Ya sea porque en nuestro hogar tuvimos una determinada formación, o porque a lo largo de la vida nos hemos ido formando una convicción, todos tenemos una posición respecto de la religión y de la espiritualidad. Es tan íntima la convicción religiosa, que es una de las fuentes de problemas más comunes en la historia de la humanidad.

Responsabilidad. Todos comprendemos la irresponsabilidad cuando alguien no cumple lo que promete.

La responsabilidad es una obligación, ya sea moral o incluso legal de cumplir con lo que se ha comprometido.

La responsabilidad tiene un efecto directo en otro concepto fundamental: la confianza. Confiamos en aquellas personas que son responsables. Ponemos nuestra fe y lealtad en aquellos que de manera estable cumplen lo que han prometido.

La responsabilidad es un signo de madurez, pues el cumplir una obligación de cualquier tipo no es generalmente algo agradable, pues implica esfuerzo.

Sacrificio. Siempre es posible hacer un esfuerzo extra para alcanzar una meta ¿Por qué no hacerlo para servir mejor a los demás?

El valor del sacrificio es aquel esfuerzo extraordinario para

alcanzar un beneficio mayor, venciendo los propios gustos, intereses y comodidad.

El sacrificio –aunque suene drástico el término–, es un valor muy importante para superarnos en nuestra vida por la fuerza que imprime en nuestro carácter. Compromiso, perseverancia, optimismo, superación y servicio, son algunos de los valores que se perfeccionan a un mismo tiempo, por eso, el sacrificio no es un valor que sugiere sufrimiento y castigo, sino una fuente de crecimiento personal.

Todo aquello que vale la pena requiere de sacrificio, pues querer encontrar caminos fáciles para todo, sólo existe en la mente de personas con pocas aspiraciones. Quien vive el valor del sacrificio, va por un camino de constante superación, haciendo el bien en todo lugar donde se encuentre.

Sana Diversión. La importancia de buscar actividades recreativas que nos permitan seguir creciendo en los valores humanos.

El valor de la sana diversión consiste en saber elegir actividades que nos permitan sustituir nuestras labores cotidianas, por otras que requieren menor esfuerzo, sin descuidar nuestras obligaciones habituales, facilitando el desarrollo físico, intelectual y moral de las personas.

Sencillez. Una personalidad sencilla a veces puede pasar inicialmente desapercibida, pero su fortaleza interior y su encanto es mucho más profundo y perdurable.

La personalidad sencilla es única, recia, sin adornos ni artificios, no le hace falta mostrar y poner en un escaparate sus posesiones y cualidades porque son evidentes y naturales. La sencillez nos enseña a saber quienes somos y lo que podemos.

La cultura de hoy a veces quiere hacernos creer que valemos por nuestra ropa, por nuestros autos, por estar a la moda, porque somos poderosos, porque podemos humillar. Pero precisamente toda esa cultura es la llave al gran vacío interior que comienza a caracterizar a nuestra sociedad.

Ahora bien, el valor de la sencillez tiene distintas manifestaciones ¿Qué hace una persona para ser sencilla?. Una persona sencilla:

- Utiliza con mesura la palabra, evitando acaparar las conversaciones para convertirse en el centro de atención; del mismo modo su lenguaje es apropiado, sin recurrir a palabras altisonantes, de mal gusto o frases corrientes para hacerse notar.

- Tiene un lenguaje comprensible y adecuado a la ocasión, sin caer en el uso de palabras cultas o rimbombantes, para formar una imagen erudita y de vasto conocimiento, lo cual no siempre esta de acuerdo a nuestra realidad.

- En una conversación que gira alrededor de su competencia profesional, nunca aprovechará el momento para "dar una cátedra" sobre el tema; es de muy mal gusto, sobre todo si en ningún momento se ha pedido la opinión profesional.

- Evita hablar en todo momento de sus logros, aciertos y reconocimientos alcanzados. Si bien es molesto escuchar hablar "de la buena fortuna" presente, llega al punto de intolerable, exaltar las glorias pasadas (yo hice, yo tuve...), que en nada concuerdan con la situación actual. Lo más digno, es omitir toda manifestación ostentosa de nuestra inteligencia, habilidades y bienes materiales.

La persona sencilla no se exalta ni menosprecia, aprecia a las personas por lo que son, lo cual permite un diálogo amable y una amistad sincera. Todos sus bienes y posesiones están a disposición de los demás.

El valor de la sencillez nos ayuda a superar el deseo desmedido por sobresalir, sentirnos distinguidos y admirados sólo por la apariencia externa. Nuestro interior, nuestro corazón es lo que verdaderamente cuenta.

Sensibilidad. Es el valor que nos hace despertar hacia la realidad, descubriendo todo aquello que afecta en mayor o menor grado al desarrollo personal, familiar y social.

El valor de la sensibilidad es la capacidad que tenemos los seres humanos para percibir y comprender el estado de ánimo, el modo de ser y de actuar de las personas, así como la naturaleza de las circunstancias y los ambientes, para actuar correctamente en beneficio de los demás.

Serenidad. Este valor nos enseña a conservar la calma en medio de nuestras ocupaciones y problemas, mostrándonos cordiales y amables con los demás.

El valor de la serenidad nos hace mantener un estado de ánimo apacible y sosegado aún en las circunstancias más adversas, esto es, sin exaltarse o deprimirse, encontrando soluciones a través de una reflexión detenida y cuidadosa, sin engrandecer o minimizar los problemas.

Cuando las dificultades nos aquejan fácilmente podemos caer en la desesperación, sentirnos tristes, irritables, desganados y muchas veces en un callejón sin salida. A simple vista el valor de la serenidad podría dejarse sólo para las personas que tienen pocos problemas, en realidad todos los tenemos, la diferencia radica en la manera de afrontarlos.

Servicio. Brindar ayuda de manera espontánea en los detalles más pequeños, habla de nuestro alto sentido de colaboración para hacer la vida más ligera a los demás.

Servir es ayudar a alguien de manera espontánea, como una actitud permanente de colaboración hacia los demás. La persona servicial lo es en su trabajo, con su familia, pero también en la calle ayudando a otras personas en cosas aparentemente insignificantes, pero que van haciendo la vida más ligera. Todos recordamos la experiencia de algún desconocido que apareció de la nada justo cuando necesitábamos ayuda que sorpresivamente tras ayudarnos se pierde entre la multitud.

Las personas serviciales viven continuamente como si estuvieran atentas, observando y buscando el momento oportuno para ayudar a alguien, aparecen de repente con una sonrisa y las manos por delante dispuestos a hacernos la tarea más sencilla, en cualquier caso, recibir un favor hace nacer en nuestro interior un profundo agradecimiento.

La persona servicial no es débil, incapaz de levantar la voz para negarse, al contrario, por la rectitud de sus intenciones sabe distinguir entre la necesidad real y el capricho.

Sinceridad. Es un valor que debemos vivir para ser dignos de confianza.

La Sinceridad, como los demás valores, no es algo que debemos esperar de los demás, es un valor que debemos vivir para tener amigos, para ser dignos de confianza.

La Sinceridad es un valor que caracteriza a las personas por la actitud congruente que mantienen en todo momento, basada en la veracidad de sus palabras y acciones.

Para ser sinceros debemos procurar decir siempre la verdad, esto que parece tan sencillo, a veces es lo que más cuesta trabajo. Utilizamos las "mentiras piadosas" en circunstancias que calificamos como de baja importancia, donde no pasa nada: como el decir que estamos avanzados en el trabajo, cuando aún no hemos comenzado, por la suposición de que es fácil y en cualquier momento podemos estar al corriente. Obviamente, una pequeña mentira, llevará a otra más grande y así sucesivamente.

La persona sincera dice la verdad siempre, en todo momento, aunque le cueste, sin temor al qué dirán.

Al ser sinceros aseguramos la amistad, somos honestos con los demás y con nosotros mismos, convirtiéndonos en personas dignas de confianza por la veracidad que hay en nuestra conducta y nuestras palabras. A medida que pasa el tiempo, esta norma se debe convertir en una forma de vida, una manera de ser confiables en todo lugar y circunstancia.

Sobriedad. Es el valor que nos enseña a administrar nuestro tiempo y recursos, moderando nuestros gustos y caprichos para construir una verdadera personalidad.

El valor de la sobriedad nos ayuda a darle a las cosas su justo valor y a manejar adecuadamente nuestros apetitos, estableciendo en todo momento un límite entre lo razonable y lo inmoderado.

La sobriedad no es negación ni privación. Es poner a tu voluntad y a tu persona por encima de las cosas, los gustos y los caprichos, dominándolos para no vivir bajo su dependencia. Es muy natural que al estar condicionados por nuestros impulsos, nos cueste trabajo dejarlos, pero nunca es tarde para comenzar, con pequeños esfuerzos, fortalecemos nuestra voluntad y desarrollamos este valor necesario para aprender a administrar nuestro tiempo y nuestros recursos, además de construir una verdadera personalidad.

Sociabilidad. Este valor es el camino para mejorar la capacidad de comunicación y de adaptación en los ambientes más diversos.

La sociabilidad es el valor que nos impulsa a buscar y cultivar las relaciones con las personas compaginando los mutuos intereses e ideas para encaminarlos hacia un fin común, independientemente de las circunstancias personales que a cada uno rodean.

Solidaridad. Un valor que nos ayuda a ser una mejor sociedad y que no solamente debe vivirse en casos de desastre y emergencia

La Solidaridad es una característica de la sociabilidad que inclina al hombre a sentirse unido a sus semejantes y a la cooperación con ellos.

Para vivir la Solidaridad se requiere pensar en los demás como si fuera otro yo, pues no vivimos aislados y nuestros conciudadanos esperan que alguien se preocupe por el bienestar y seguridad de todos, tal vez de alguien como nosotros, como líderes emprendedores.

Superación. La superación no llega con el tiempo, el simple deseo o con la automotivación, requiere acciones inmediatas, planeación, esfuerzo y trabajo continuo.

Nuestra vida está llena de oportunidades, saber aprovecharlas y obtener los frutos deseados constituyen el centro de nuestras aspiraciones.

La superación es el valor que motiva a la persona a perfeccionarse a sí misma, en lo humano, espiritual, profesional y económico, venciendo los obstáculos y dificultades que se presenten, desarrollando la capacidad de hacer mayores esfuerzos para lograr cada objetivo que se proponga.

Tolerancia. La tolerancia es la expresión más clara del respeto por los demás, y como tal es un valor fundamental para la convivencia pacífica entre las personas. Tiene que ver con el reconocimiento de los otros como seres humanos, con derecho a ser aceptados en su individualidad y su diferencia. El que es tolerante sabe que si alguien es de una raza distinta de la suya o proviene de otro país, otra cultura, otra clase social, o piensa distinto de él, no por ello es su rival o su enemigo.

Cuando se presentan conflictos, las personas tolerantes no acuden a la violencia para solucionarlos, porque saben que la violencia sólo engendra más violencia. Prefieren dialogar con sus oponentes y buscar puntos de acuerdo. Sin embargo, debemos ser tolerantes pero no pasivos. Hay situaciones frente a las cuales nuestro deber, lejos de quedarnos callados, es protestar con energía.

Para ser tolerantes...

• Pongámonos en el lugar de los otros para tratar de entender sus problemas y su manera de actuar.
• Escuchemos sin interrumpir y demos a los demás la oportunidad de expresarse.
• Veamos en la diversidad de razas y culturas una señal de la riqueza y amplitud del mundo, en lugar de motivos de desconfianza.

Valentía. Personas ordinarias haciendo cosas extraordinarias: El valor que forja familias, empresas y naciones diferentes.

La valentía es un valor universal que nos enseña a defender aquello que vale la pena, a dominar nuestros miedos y a sobreponernos en la adversidad. Sin la valentía, en los momentos difíciles nuestras vidas podrían irse a la deriva,

Ser valiente no es sencillo. En ocasiones, la valentía significa afrontar las consecuencias de nuestros actos, los productos de nuestros errores. El niño que admite ante sus padres que fue él quien rompió la ventana del vecino, el empleado que reconoce el no haber hecho su trabajo como era debido, el padre de familia que acepta ante sus hijos que debería haber pasado más tiempo con ellos son ejemplos.

La valentía es un valor que se vive día a día, en las pequeñas cosas. No es necesario esperar grandes afrentas, tremendos errores o increíbles batallas. La cobardía diaria sumerge a las personas, a las familias, a las sociedades y a las naciones en un pantano cómodo, suave, pero que acaba ahogándoles. La valentía en las cosas pequeñas va construyendo una obra sólida que tal vez en el momento inmediato no sea tan grande o tan bella, pero que tarde o temprano se convertirá en un magnífico edificio. La valentía construye personas dignas de respeto y de confianza, familias unidas, sociedades pujantes y naciones sólidas.

El ritmo de vida actual nos brinda pocas oportunidades de servir a los demás, de conocerlos y de tratarlos como es debido, la empatía se convierte en esa pieza fundamental que nos enriquece y nos identifica mejor como seres humanos.

Voluntad. La voluntad nos hace realizar cosas por encima de las dificultades, los contratiempos y el estado de ánimo.

Todo nuestro actuar se orienta por todo aquello que aparece bueno ante nosotros, desde las actividades recreativas hasta el empeño por mejorar en nuestro trabajo, sacar adelante a la familia y ser cada vez más productivos y eficientes. En base a este punto, podemos decir que nuestra voluntad opera principalmente en dos sentidos:

- De manera espontánea cuando nos sentimos motivados y convencidos a realizar algo, como salir a pasear con alguien, iniciar una afición o pasatiempo, organizar una reunión, asistir al gimnasio…

- De forma consciente cada vez que debemos esforzarnos a realizar las cosas: terminar el informe a pesar del cansancio, estudiar la materia que no nos gusta o dificulta, recoger las cosas que están fuera de su lugar, levantarnos a pesar de la falta de sueño, etc. Todo esto representa la forma más pura del ejercicio de la voluntad, porque llegamos a la decisión de actuar contando con los inconvenientes.

ANEXO II

CONTACTENOS

Para recibir información adicional o si desea hacer algún comentario o hacer alguna consulta específica, ponemos a su disposición la siguiente dirección de correo electrónico:

contacto@quiendecide.com

ó visite la página

www.quiendecide.com

AGRADECIMIENTOS

A Dios gracias por brindarnos el don de nuestros hijos, de quienes estamos muy orgullosos y son nuestros tres grandes tesoros, Karen, Miguel Angel y Jorge.

A los tres gracias por ser tan buenos hijos, quizá por eso no tuvimos problema en presentarles y vivir el CUADRO DE VALORES.

A nuestros padres, Paquita, Roberto, Graciela, Miguel, porque los valores centrales de nuestra familia, sin lugar a dudas provienen de Ustedes, su semilla ha dado buenos frutos.

A Cecilia y Zeferino Cisneros, por su apoyo y comentarios siempre acertados, por sus excelentes ideas y gran optimismo.

A la Sra. Socorro Nieto, gracias por su gran disposición y cariño, gracias por su apoyo incondicional.

A Angel Nieto Villegas, que durante estos años ha sido nuestro consejero y amigo, nuestro asesor personal, con quien hemos compartido infinidad de horas hablando de todos los temas de todas las esferas y aspectos del ser humano. Con quien podemos llegar derrotados y salir con ese ánimo que nos hace seguir adelante y bien. Gracias por su invaluable amistad.

A nuestros amigos del Movimiento Familiar Cristiano Católico (MFC) que han sido pieza clave en nuestro crecimiento espiritual y personal, con quienes hemos aprendido a hacer una gran familia, sin lo cual, no hubiera sido posible este libro, imposible mencionarlos a todos, a todos gracias.

INFORMACION SOBRE LOS AUTORES

MIGUEL SOTO Y PATRICIA MONTAÑO

Motivados por nuestra experiencia como padres de tres hijos, diseñamos el Método Cuadro de Valores.

Con la presión tan intensa y la gran cantidad de información nociva para su formación, las familias se enfrentan a la difícil situación de educar a sus hijos.

Cuando hablamos de educar a los hijos, pensamos en los tiempos en que padres, abuelos, tíos, maestros y personas mayores, eran dignos de respeto y consideración.

No somos escritores de profesión, somos padres de familia que queremos compartir el método que nos ha ayudado muchísimo en la formación de nuestros hijos, en verdad pensamos que es una herramienta muy útil e indispensable para cualquier persona hoy en día, especialmente para niños, adolescentes y jóvenes, quienes literalmente están siendo bombardeados día a día con una gran cantidad de información nociva y que, si no tienen una base sólida, un respaldo en que apoyarse, son fácilmente influenciados por cualquier opinión o persona que no necesariamente busca el bien para ellos.